Pour Monsieur de Marigat Conseiller
du Roy en son Grand Conseil
par son très obéissant serviteur et cousin

D.7843 - Réserve
avec envoi de Bossuet
voir le 1ᵉʳ feuillet de garde.

5993.

REFVTATION DV CATECHISME DV Sʀ PAVL FERRY,

MINISTRE DE LA RELIGION
PRETENDVE REFORME'E.

Par IACQVES BENIGNE BOSSVET, Docteur en Theologie de la faculté de Paris, Chanoine & Grand Archidiacre en l'Eglise Cathedrale de Metz.

A METZ,
Par IEAN ANTOINE, Imprimeur juré du Roy, de Monseigneur l'Euesque & du Bailliage, demeurant dessous le Tillot en Chambre. 1655.

Auec Approbation & Permission.

A MONSEIGNEVR,
MONSEIGNEVR
LE MARESCHAL
DE SCHOMBERG,

Duc d'Halluyn, Pair de France, Gouuerneur & Lieutenant General pour le Roy des Ville & Citadelle de Metz & Païs Meſſin, Eueſchez de Metz & de Verdun, Colonel General des Suiſſes & Griſons, Colonel des Landsknects, Mareſchal de Camp general des troupes Allemandes & Liegeoiſes. &c.

MONSEIGNEVR,

Puiſque ceſte Ville & ceſte Prouince que les guerres ont deſolée ne reſpire plus que par voſtre apuy; puiſque les Peuples que vous gouuernez ne trouuent de ſalut ny de ſureté que dans la protection de voſtre Excellence, & que voſtre generoſité ſe les eſt acquis par le titre du monde le plus legitime : Nous ne deuons point auoir de plus grande ioye que de témoigner hautement ce que nous ſentons en nos cœurs; & où l'on ne voit que de vos bienfaits, il eſt iuſte que rien n'y paroiſſe ſans por-

EPISTRE.

ter des marques de reconoissance. C'est dans ceste pensée, MONSEIGNEVR, que i'oze prendre la liberté de vous presenter cét ouurage comme vn fruit du repos que vous nous donnez au milieu de tant de perils qui nous enuironnent ; & puisque l'étude est incompatible auecque le tumulte & le bruit, il faut bien que ie rende graces de mon loisir particulier, à l'Autheur de la tranquillité publique. D'ailleurs ie ne doute pas, MONSEIGNEVR, que vous ne regardiez d'vn œil fauorable, vn discours qui ne tent qu'au salut des ames ; puisque Dieu vous à fait la grace de considerer les choses Diuines, comme celles qui sont les plus dignes d'occuper vos soins & d'entretenir vostre grand genie. Et certes quand ie contemple en moy mesme toute la suite de vos actions immortelles, encore que ie sçache bien qu'elles vous égalent aux Capitaines les plus renommez, & que la posterité la plus éloignée ne poura lire sans étonnement les merueilles de vostre vie ; ie ne voy rien de plus grand en vostre Personne, que l'amour que vous auez pour l'Eglise, & que ceste inclination genereuse d'apuyer la religion par vostre authorité & par vostre exemple. Que nos Histoires vantent ceste belle nuit qui est capable d'effacer la gloire des plus éclatantes iournées, & qui a esté tant de fois funeste à nos ennemis par le modele que vous y donnastes à nos Generaux pour faire reüssir de pareils desseins ; Qu'on publie qu'il n'appartenoit qu'à

EPISTRE.

vostre courage de trouuer vne sortie glorieuse dans le desespoir des affaires; Qu'on ioigne aux Triomphes du Languedoc, ceux de la Catalogne & du Roussillon, & les autres fameuses Campagnes que vous auez si glorieusement acheuées ; Que l'on dise que les honneurs ont esté chercher vostre vertu, & que lors qu'elle se vit éleuée à la plus haute des dignités de la guerre, il n'y auoit que vostre victoire qui sollicitast pour vous à la Cour; Qu'on adjouste à ces grands éloges, que dans vn siecle si desordonné, vostre puissance ne s'emploie qu'à faire du bien, que vos mains ne sont ouuertes que pour donner, & que vostre nom n'a iamais paru qu'en des actions dont la iustice est indubitable; Enfin qu'on loüe encore cét esprit si fort & ce sens si droit & si iuste, ceste inuariable fidelité, ceste humeur si genereuse & si bienfaisante, & toutes vos autres grandes & incomparables qualités: l'auoüe que ces choses sont tres constantes & tres coniies par toute la France; Mais ie dis que ce n'est pas, MONSEIGNEVR, ce qui fonde solidement vostre gloire. Vostre pieté, c'est vostre Couronne; la vraie lumiere de vostre raison, c'est qu'elle sçait s'aueugler pour l'amour de Dieu; vostre veritable iustice, c'est que vous estes soumis à ses loix; vostre liberalité se fait reconoistre en ce qu'elle s'étend sur IESVS-CHRIST mesme; & parmy toutes vos conquestes, il n'y en a point de plus glorieuses, que celles que nous voyons tous les iours, par lesquelles

EPISTRE.

vous gagnez à Dieu, les ames qu'il à rachetées par vn si grand prix. Ie ne differe donc plus, MONSEIGNEVR, *de vous presenter ce discours, puisque vostre zele, vostre religion, vostre pieté luy promettent vne protection si puissante. Mais certes ie serois peu reconoissant de tant de bontés dont vous m'honorez, si ie n'esperois l'apuy de vostre Excellence que par des considerations generales. Tant d'honneurs que i'en ay receus, & que i'ay si peu meritez; tant d'obligations effectiues, tant de bienfaits qui sont si conus, tant de graces que ie ne puis expliquer, me persuadent qu'elle fauorisera cét ouurage, que ie vous offre comme vne assûrance & de mes treshumbles respects, & de la perpetuelle fidelité qui m'atache inuiolablement à vostre seruice. Que si mon impuissance me rend inutile; si la grandeur de vos bienfaits ne me laisse pas mesme des paroles qui puissent exprimer ma reconoissance, ma consolation,* MONSEIGNEVR, *c'est que Dieu écoute les vœux que la sincerité luy presente, & que ie sens en ma conscience auec quelle passion ie suis*

MONSEIGNEVR,

Vostre treshumble tresobeissant & tresfidele Seruiteur
BOSSVET.

APPROBATION DE MONSEIGNEVR
l'Euesque d'Auguste.

PIERRE BEDACIER par la grace de Dieu & du S. Siege Apostolique Euesque d'Auguste, Conseiller du Roy en ses Conseils, Suffragan & Vicaire General de l'Euesché de Metz; A tous fideles Catholiques, Salut & Benediction. L'ordre de la iustice & l'edification des peuples & la charité de IESVS-CHRIST exigeant de nous que nous rendions vn témoignage sincere à la verité, Nous certifions par ces presentes, qu'ayant leu & serieusement examiné le Liure intitulé, *Refutation du Catechisme du Sr. Paul Ferry, Ministre de la Religion pretendüe reformée. &c.* Nous l'auons trouué en toute la doctrine qu'il contient, *secundùm Euangelium quod creditum est mihi*, entierement conforme à l'Euangile que nous preschons : Si bien que nous osons esperer que les ennemis des veritez qu'il enseigne seront éclairez d'vne si belle lumiere. L'Autheur en effet explique auec tant de netteté & de force les veritables sentimens de l'Eglise Catholique que l'on déguise à nos Aduersaires, qu'il n'est pas possible que les plus incredules d'entr'eux ne se portent à respecter ses saintes intentions en l'explication des mysteres du salut & de la redemption en Iesus-Christ. Cét ouurage seruira tousiours d'vn souuerain Antidote contre les venins de l'heresie, & encore que la doctrine qu'il propose, s'accordant de tout point à celle que Dieu à reuelée, que Iesus-Christ à preschée que les Apostres & les Prophetes ont enseignée dans les écritures, que les décisions des Conciles & le consentement vnanime de nos Peres des siecles precedens ont établie, s'approuue par elle mesme, neantmoins pour ne rien omettre de nostre deuoir en vne occasion si importante, Nous declarons que nous la tenons tres Catholique & tres Orthodoxe, que nous approuuons le liure, & que nous exhortons les fideles à le lire atantiuement, croyant qu'il seruira d'vn puissant appuy pour la doctrine & pour les mœurs de ceux qui sont veritablement Catholiques & vertueux, & d'vne guide tres assurée pour les maintenir dans le chemin de salut & pour y ramener ceux qui s'en sont retirez suiuant l'abondance de leur sens, & l'aueuglement de leurs cœurs. En foy dequoy nous auons signé les presentes. A Metz le 15. Auril 1655.

P. BEDACIER *Euesque d'Auguste.*

ADVERTISSEMENT.

Comme il n'y à rien de plus remarquable dans le Catechifme de noftre Aduerfaire que le témoignage qu'il rend à la iuftice de noftre caufe, auffi mon deffein principal n'eft pas tant de difputer & de contredire, que de faire voir au Miniftre les confequences tres legitimes de quelques veritez qu'il à confeffées; & d'inftruire nos freres errans de la pureté de noftre doctrine fur quelques points de noftre créance qu'on leur à déguifez par tant d'artifices. C'eft pourquoy i'ay laiffé plufieurs chofes que ie pouuois iuftement reprendre pour appliquer toute mes penfées à ce qui eft le plus vtile au falut des ames. Ie coniure nos Aduerfaires de lire cét ouurage en efprit de paix, & d'en pefer les raifonnemens auec l'atantion & le foin que meritent des matieres de cefte importance. I'efpere que la lecture leur fera conoiftre que ie parle contre leur doctrine fans aucune aigreur contre leurs perfonnes, & qu'outre la nature qui nous eft commune, ie fçay encore honorer en eux le Baptefme de Iefus-Chrift que leurs erreurs n'ont pas effacé. Que fi i'accufe fouuent leur Miniftre d'alterer vifiblement le fens des Autheurs, & de nous impofer des fentimens que nous deteftons, mes pleintes font tres iuftes & tres neceffaires, & nous le pouuons verifier enfemble fans autre peine que d'ouurir les liures. Or encore que ce difcours éclairciffe fuffifamment fa penfée, i'ay crû qu'il ne feroit pas inutile de faire mettre icy vn peu plus au long quelques endroits de fon Catechifme cottez en la marge de cefte réponfe, & dont la fuite de cét ouurage fera entendre les confequences.

REFVTATION DV CATECHISME du Sr. PAVL FERRY, Ministre de la Religion pretenduë reformée à Metz, par deux veritez Catholiques, tirées de ses propres Principes.

DE toutes les vertus Chrétiennes, celle que IESVS-CHRIST à recommandée aux fideles auec des paroles plus efficaces, c'est la paix & la charité fraternelle. C'est pourquoy estant prest de sortir du monde, & disant à ses Disciples le dernier adieu; *C'est icy*, leur dit-il, *mon commandement que vous vous aimiés les vns les autres comme ie vous ay aimez.* Tout l'Euangile de nostre Sauueur est plein d'enseignemens salutaires, que la Sagesse eternelle du Pere nous à bien voulu apporter du Ciel pour la sanctification de nos ames. Toutefois ceste mesme Sagesse incréée dont toutes les paroles sont esprit & vie, nous donnant le precepte de la charité, *C'est icy*, dit-elle, *mon commandement. En cela on reconoistra que vous estes vraiment mes Disciples, si vous auez vne charité sincere les vns pour les autres.* Et pour nous exciter d'auantage, Iesus-

Entrée au discours & proposition du sujet.

A

Christ nous propose l'exemple admirable de cét amour infiny qu'il à eu pour nous. *Ie veux dit-il, que vous vous aimiez mutuellement comme ie vous ay aimé.* Ou il nous prescrit dans les mesmes mots le principe & l'étanduë tout ensemble de nostre affection reciproque. Car de mesme qu'il nous à aimé en son Pere, il veut que chacun ayme son prochain en Dieu; & de mesme qu'il nous à aimé iusqu'à donner volontairement tout son Sang pour nous, il veut que nostre charité soit si forte, que nous ne craignions pas mesme d'exposer nos vies pour le bien & pour le salut de nos freres.

Ceste verité estant receuë par tous les fideles, de quels supplices ne sont pas dignes ceux qui sement la diuision dans l'Eglise; qui rompent ce Diuin nœud de la charité par lequel nous sommes vnis en nostre Seigneur, & qui cherchent de faux pretextes pour animer les amis contre les amis, & les freres contre les freres? Neantmoins il est aisé de iustifier, que ça esté principalement par ce moyen la que les sectes de ces derniers siecles ont seduit les ames, & que leur maxime la plus commune à esté de n'oublier aucun artifice qui pust rendre nostre doctrine odieuse aux peuples.

Ie me suis étonné plusieurs fois de ceste

priere que Luther fit publier contre les Turcs en l'an 1542. *Nous auons*, dit-il, *ô mon Dieu, peché contre vous; mais vous sçauez, ô Pere Celeste, que le diable, le Pape & le Turc n'ont aucun droit ny aucune raison de nous tourmenter, car nous n'auons rien commis contr'eux; Mais parce que nous professons hautement que vous ô Pere & vostre Fils I. C. nostre Seigneur, & le S. Esprit estes vn seul Dieu eternel; c'est là nostre peché, c'est tout nostre crime, c'est pour cela qu'ils nous haissent & nous persecutent, & si nous rejettions ceste foy nous n'aurions pas à craindre qu'ils nous affligeassent.*

<small>Sleidan. lib. 14. hist.</small>

Vn esprit plus contentieux se riroit icy de la folle deference de ce grand Prophete, qui ce semble ne dédaigne pas d'excuser les siens mesme auprès du diable, & de prendre Dieu à témoin que son capital ennemi n'a aucun sujet d'estre offencé contr'eux, ny de leur mal faire. A quoy on pourroit adjouster que ce n'estoit pas sans quelque raison qu'il se pleignoit de l'iniustice du diable, s'il persecutoit ses disciples pendant qu'ils trauailloient si soigneusement à étandre de plus en plus son Empire, en diuisant tous les iours autant qu'ils pouuoient le Royaume de Iesus-Christ. Mais ie ne m'areste point à ces choses : Ce qui me surprend le plus en ceste priere c'est la fureur de cét heresiarque, qui non content de mettre dans vn mesme rang le diable, le Pape & le Turc comme les trois plus grands ennemis du nom Chrestien, ose dire qu'ils haissent sa secte tous trois, parcequ'elle fait profession d'adorer le Pere & le Fils & le S. Esprit. Ainsi quoyque nous fassions resonner par toute la terre ce pieux Cantique, *Gloire soit au Pere & au Fils & au S. Esprit*, cét homme à l'assurance de publier à la face de tout le monde, que nous persecutons ses Eglises, parceque la Trinité y est honorée, & dans ceste iniuste entreprise il nous donne pour compagnons le diable & le Turc : Qui vit iamais vne pareille impudence ?

Tel à esté l'esprit de toute la nouuelle Reforme qui à suiuy les mouuemens & les passions de celuy qui l'a commancée. Tous ceux qui s'y sont atachés, éblouïs de ce titre superbe de Reformateurs qu'ils auoient iniustement vsurpé, ont alteré par mille sortes de déguisemens la doctrine de la Saincte Eglise pour donner lieu à leurs inuectiues. Ils nous ont malicieusement imposé que nous ruinions l'adoration du seul Dieu, & ceste salutaire confiance au seul I. C. ils nous ont traité d'idolatres & d'ennemis jurés de la Croix ; ils ont dit que nous auions renuersé les merites du Fils de Dieu pour substituer en leur place le merite humain ; ils ont tasché de persuader à tout l'vniuers que la foy que nous professons ne tendoit qu'à rauir à nostre Sauueur la gloire de nous auoir rachetez ; en fin ils ont parlé & écrit de nous comme si nous estions infideles.

Il y auoit ce semble sujet d'esperer, que ceste premiere chaleur se moderant vn peu par le temps, ils iugeroient plus équitablement de nostre doctrine: Mais nous en perdons l'esperance, à moins que la main de Dieu agisse en leurs cœurs auec vne efficace extraordinaire : & ce qui me confirme dans ceste pensée, c'est la lecture d'vn Catechisme que le principal Ministre de Metz à fait imprimer. I'auouë que ie me suis étonné qu'vn homme qui paroist assés retenu ait traité des matieres de ceste importance auec si peu de sincerité, ou si peu de conoissance de la doctrine qu'il entreprend de combatre. Quiconque sera vn peu instruit de nos sentimens, verra d'abord qu'il nous atribuë beaucoup d'erreurs que nous detestons : & si vne personne que nos Aduersaires estiment si sage & si auisée s'emporte à de telles extremités, qu'ils nous pardonnent si nous croyons que tel est sans doute l'esprit de la secte qui ne pourroit subsister sans cet artifice.

Ie veux qu'ils en soient eux mesmes les Iuges. Où est-ce que le Sieur Ferry à oüy dire, *Pag. 37.* que l'Eglise Catholique donnast *des adjoints à I. C. en la redemption*, & que ce fust là *vne des doctrines qu'il est ordonné de croire pour estre sauué*? *Pag. 36.* Et neantmoins il l'assure ainsi en la réponse que fait l'enfant à la demande neusiéme de son Catechisme. Par ou il veut persuader au peuple ignorant que selon la creance que nous embrassons le Sang de I. C. ne nous suffit pas. Mais ne sçait-il pas bien en sa conscience que nous le reconoissons pour le seul Sauueur & l'vnique Redempteur de nos ames ; que nous croyons qu'il à payé surabondamment tout ce que nous deuions à son Pere iustement irrité contre nous ; & que bien loin de dire que sa mort ne nous est pas suffisante, nous confessons & nous enseignons à la gloire de nostre Seigneur I. C. qu'vne seule goutte de son Diuin Sang, voire mesme vne seule larme, & vn seul soupir suffisoit à racheter mille & mille mondes ? Ie suis certain qu'il n'ignore pas que telle est la foy de toute l'Eglise ; & toutefois il ose nous objecter que nous donnons des adjoints à nostre Sauueur en la redemption de nostre nature.

Il dit auec vne pareille infidelité que le Pa-

pe est reconu parmy nous *chef & Espoux de l'E-* Pag. 73.
glise sans égard à I. Christ ce sont ses paroles, *&*
I. C. mis à part & exclus: comme si les Catholiques donnoient au Pape vne puissance indépendante du Fils de Dieu mesme. Mais il sçait bien que nous ne respectons son authorité, que parce que nous sommes persuadés que I. C. nostre maistre la luy à donnée, auec vne étroite obligation de luy rendre conte de l'administration qui luy est commise. Est-ce là reconoistre vn chef sans égard à I. Christ comme il nous l'impose ? Nous croyons certes plus Pag. 122. fortement que nos Aduersaires que Iesus n'a pas quitté son Eglise, & c'est pour ceste seule raison que nous assurons sans douter qu'elle est infaillible, parceque son Prince luy à promis qu'il seroit perpetuellement auec elle. Combien donc est-il ridicule de nous reprocher que nous mettons I. C. à part comme si nous l'auions oublié ? Quelle patience faut-il auoir pour souffrir vne calomnie de ceste nature ? Mais nous prions ce Diuin Sauueur que l'on nous accuse d'exclure, qu'il luy plaise nous faire la grace, que nous surmontions par la charité ceux qui médisent de nous si iniustement.

Le Ministre s'est imaginé qu'il ébloüiroit les yeux des lecteurs par ces deux mots du Cardinal Bellarmin qu'il rapporte en marge, *secluso Christo* : ou certainement il à fait paroistre qu'il lit bien negligemment les Autheurs qu'il cite, pour ne pas dire qu'il les tronque frauduleusement. Car pour ce qui regarde le titre d'Epoux, qu'il dit que le Cardinal donne au Pape, il n'y en à pas vn mot en ce lieu. Et quant à ces paroles, *secluso Christo*, il n'est rien plus contraire à la verité, que de les interpreter au sens du Ministre, *sans égard à I. C. & I. C. mis à part & exclus.* Qui pourra croire que ce grand Cardinal ait eu vne pensée si extrauagante, puisque la fin vnique qu'il se propose dans tout le Chapitre & dans tout le liure, c'est de monstrer que l'authorité du Pape vient de I. C. ? Mais exposons nettement son intention. Il parle de l'Eglise qui est en terre, qu'il considere comme separée en quelque maniere d'auec I. C. son Espoux, parcequ'encore qu'il soit auec elle par son S. Esprit, il ne l'honore pas de sa veuë. Il dit donc que l'Eglise doit auoir vn chef, mesme en considerant I. C. comme separé d'auec elle (c'est ce que signifient ces mots, *secluso Christo*) c'est à dire, qu'elle doit auoir vn chef en la terre, outre I. C. qu'elle à dans le Ciel. Qui à t'il de si criminel dans ce sentiment ? si le Ministre ne veut pas comprendre quelle difference il y à entre

Bellarm. lib. 1. de Pont. Rom c. 9.

entre établir vn chef outre Iesus-Christ & en établir vn sans égard à luy, il faut necessairement qu'il soit possedé d'vn desir étrange de contredire. Ie puis assurer sans difficulté qu'outre le Roy qui est le chef souuerain, il y à vn autre chef en l'armée; mais ie me rendrois criminel si ie reconoissois vn chef sans égard au Roy: & afin de prendre vn exemple dans la matiere dont nous parlons, si quelqu'vn ozoit soutenir que l'Eglise Chrétienne n'a point de Pasteur, excepté I. C. souuerain Pontife; nous nous garderions bien de répondre que l'Eglise à des Pasteurs sans égard à luy: mais nous repartirions d'vn commun accord qu'elle à des Pasteurs subalternes outre le Fils de Dieu Prince des Pasteurs. Il y auroit beaucoup de malice à confondre ces deux façons de parler; celle là donne l'exclusion; celle cy explique la subordination. C'est en ce dernier sens que le Cardinal Bellarmin enseigne que le Pape est chef de l'Eglise. Il n'exclut donc pas I. C. il ne met pas I. C. à part pour établir vn chef sans égard à luy. Car l'authorité deleguée ne détruit pas l'authorité souueraine: au contraire elle la suppose comme le fondement vnique de sa dignité. Ainsi l'interpretation du Ministre à fait vn blaspheme tres execrable d'vne parole tres innocente.

B.

Sans doute il n'a pas encore assez entendu auec quelle simplicité la doctrine Chrétienne doit estre traitée. Le Theologien sincere ne cherche point dans les écrits qu'il combat, des paroles qu'il puisse détourner à vn mauuais sens. Ou il y va du salut des ames, le moindre artifice luy paroit vn crime. Bien loin de condanner les expressions innocentes, il est prest mesme d'excuser celles, qui pesées dans l'extrême rigueur pourroient quelque fois sembler rudes: Il adoucit les choses autant qu'il le peut; il aime mieux estre indulgent qu'iniuste: il estime vne pareille infidelité de dissimuler sa propre creance, & de déguiser celle de son aduersaire; parceque si par la premiere on trahit sa religion & sa conscience, par l'autre on se declare ennemi juré de la charité fraternelle; on aliene, & on aigrit les esprits; on rend les dissensions irreconciliables.

Plûst à Dieu que le Catechiste eust tousiours eu deuant les yeux ceste verité: Si nous n'eussions gousté sa doctrine, du moins nous eussions loüé sa candeur; & nous ne serions pas contreints de luy dire, que dans la plus grande partie de ses citations, & dans les conclusions qu'il en tire, il semble qu'il ait plutost tasché d'ébloüir les simples que de satisfaire les doctes.

Par exemple voicy vn trait d'vne merueilleuse subtilité. En la page 40. de son Catechisme voulant repousser contre nous le reproche que nous faisons à ses Eglises de leur nouueauté, *quãd nous nous disons*, dit-il, *de la religion reformée, ce n'est pas pour introduire vne nouuelle religion, encor qu'il s'en introduit presque d'an en an quelqu'vne en l'Eglise Romaine.* La suite du discours demandoit qu'il rapportast icy quelque nouueau dogme; mais ce n'est pas la son dessein. *Il s'introduit*, dit-il, *presque d'an en an quelque nouuelle religion dans l'Eglise Romaine, puisqu'autant d'Ordres y sont autant de nouuelles Religions, & de nouueaux Religieux.* Ridicule imagination! Toutefois le Ministre apprehende qu'on ne la prenne pour vne raillerie, & il la fait valoir serieusement par l'authorité du Pape Innocent III. & du Concile general de Latran dont il allegue le 12. chapitre. Qui ne croiroit que la chose est tres importante? Mais considerons ie vous prie ce que dit ce sacré Concile. Il appelle les nouueaux Ordres Monastiques de nouuelles Religions: & de là quelle consequence? Ces nouuelles societés ne font point des Eglises nouuelles: ce n'est pas la singularité de creance, mais la professiõ d'vne pieté plus particuliere, & vn détachement plus entier du monde qui leur donne le titre de Re-

B ij

ligions : & ainsi leur institution n'a rien de commun auec ceste nouueauté de Religion dont il s'agit entre nous & nos Aduersaires qui emporte vn changement dans la foy. Cependant le Sr. Ferry ne craint pas de confondre hardiment ces deux choses: & le pauure peuple deçeu applaudit à ces sçauantes obseruations. Ie ne puis certes que ie ne l'auertisse en ce lieu, que ces remarques peu dignes de luy ne répondent pas à l'opinion de science qu'il s'est acquise parmy les siens, ny à l'estime de moderation qu'il auoit mesme parmy les nostres.

Mais écoutons encore vn reproche, lequel s'il se trouuoit veritable, nous serions iustement reputez indignes de nous glorifier du nom de Chrétien. Le Ministre rapporte que parmy nous, lors que l'on console les agonisans, on leur demande *s'ils ne croyent pas que nostre Seigneur I. C. à voulu mourir pour eux, & qu'autrement que par sa mort & Passion ils ne peuuent estre sauués.* Et parce qu'il ne peut rien trouuer à reprendre dans ceste salutaire interrogation, il tasche du moins de persuader que nous ne la faisons pas de bon cœur; tant il est veritable qu'vne haine aueugle luy fait interpreter en vn mauuais sens les pratiques les plus pieuses de la saincte Eglise. *Il semble*, dit-il, *que cecy ne* soit adiouté que par maniere d'acquit, ou comme par mégarde. Ie demande icy à nos Aduersaires qui sont si tandres & si delicats, & qui ne cessent presque iamais de se pleindre, que pouuoit on inuenter contre nous, ny de plus foible, ny de plus faux, ny de plus iniurieux à des Chrétiens? car apres auoir presché en pleine audience, que si nous rendons graces de nostre salut à la Passion de nostre Saueur, c'est par maniere d'acquit, ou bien par mégarde, que reste t'il enfin à nous dire sinon que nous ne sommes pas Chrétiens, & que I. C. ne nous est plus rien? Mais laissons à part nos ressentimens, & sacrifions les à nostre grand Dieu; Auec quelles larmes déplorerons nous la misere de tant de pauures ames seduites, qui sont alienées par cét artifice de l'Eglise ou leurs peres ont serui Dieu, & du vrai chemin de la vie? C'est ce qui me touche le cœur iusqu'au vif, c'est ce qui me fait oublier ma propre foiblesse, pour exposer en toute simplicité à nos freres malheureusement abusés la veritable doctrine de la Sainte Eglise que leurs Ministres taschent de leur rendre horrible.

 Ainsi ce n'est pas mon dessein de refuter icy page à page toutes les faussetés manifestes du Catechisme du Sr. Ferry; Premierement parceque ie voi qu'il auance beaucoup de choses sans preuues, il parcourt toute la controuerse, il n'y à aucun point qu'il ne touche, & n'allegue aucune raison que de deux ou trois, encore font elles si peu pressantes, que ie ne iuge pas necessaire de les examiner si fort en détail. Et enfin i'ay consideré que ceste maniere d'écrire contentieuse ne laisse pas tousjours beaucoup d'edification aux pieux lecteurs, ny beaucoup déclaircissement à ceux qui recherchent la verité. C'est pourquoy i'ay choisi seulement les deux propositions principales ausquelles tout ce Catechisme aboutit, & auecque l'assistance Diuine ie ferai conoistre combien elles sont éloignées de la verité.

Ces deux propositions sont, *Que la reformation a esté necessaire*, &, *Qu'encore qu'auant la reformation on se pût sauuer en la communion de l'Eglise Romaine, maintenant apres la reformation on ne le peut plus.* I'opposerai deux veritez Catholiques à ces deux propositions du Ministre, & ie montreray manifestement: Que la reformation comme nos aduersaires l'ont entreprise est pernicieuse, &, Que si l'on s'est pû sauuer en la communion de l'Eglise Romaine auant leur reformation pretanduë, il s'ensuit qu'on y peut encore faire son salut.

Refutation du Catechisme du Sr. Ferry,

La premiere de ces veritez renuerse leur Religion par les fondemens : la seconde nous met à couuert contre leurs ataques : nous les éclaircirons l'vne & l'autre par les principes du Ministre mesme : mais l'ordre & la suite du discours demande que ie commance par la derniere, & que i'établisse la sureté de nostre salut, auant que faire voir à nos Aduersaires le peril certain dans lequel ils sont. Prouuons donc par des raisons éuidentes que le Catechisme nous à enseigné que nous pouuons obtenir la vie Eternelle en la communion de l'Eglise Romaine.

PREMIERE VERITÉ.

QVE L'ON SE PEVT SAVVER en la communion de l'Eglise Romaine.

SECTION PREMIERE.
Ou ceste verité est prouuée par les Principes du Ministre.

CHAP. I.
Que selō le sentiment du Ministre on pouuoit se sauuer en la communiō & en la creance de l'Eglise Romaine iusqu'à l'an 1543.

Ncore que la prouidence Diuine par des iugemens terribles mais tres équitables, permette que la doctrine celeste soit en quelque sorte obscurcie par les heretiques : neantmoins elle se reserue le droit de tirer quand il luy plaist de leur bouche des témoignages illustres de ses veritez. Les exemples en sont communs dans l'antiquité Chrétienne : Mais nous deuons au grand Dieu viuant de sinceres actions de graces, de celuy qu'il fait paroistre à nos yeux. Enfin les Ministres de Metz prophetisent & nous donnent des argumens tres certains, par lesquels nous

prouuons

Refutation du Catechisme du Sr. Ferry. 17

leurs prouuons inuinciblement, que l'on se peut sauuer dans l'Eglise que leurs predecesseurs ont abandonnée. Ie conjure le lecteur Chrétien de considerer atantiuement de quelle sorte le Sr. Ferry enseigne ceste doctrine à son peuple.

Apres auoir discouru de la reformation de l'Eglise, il propose ceste question en la demande 13. de son Catechisme. *Que croyés vous donc de nos ancestres qui sont morts dans la communion de l'Eglise Romaine?* A quoy il répond en premier lieu, que *les Iuifs auroient pu faire la mesme question aux Apostres qui les inuitoient à embrasser l'Euangile.* Il est tres aisé de conoistre que ceste réponse n'est nullement à propos, parce qu'il n'y a pas sujet de douter qu'auant la publication du S. Euangile on n'ait pu se sauuer dans le Iudaisme; & tout homme de bon sens iugera qu'il est ridicule de comparer le changement de Religion qui est arriué du temps des Apostres, auec celuy que nos Aduersaires ont fait dans ces derniers siecles. Ceuxcy ont changé, comme chacun sçait, la Religion que leurs Peres auoient professée, parcequ'elle leur sembloit corrompüe, pleine de sacrilege & d'impieté. Or il est clair que ce n'est point pour ceste raison que les Saincts Disciples de nostre Seigneur se sont retirez de la Religion Iudai-

Pag. 75.

C

que ; Mais sçachans que la loy de Moyse n'estoit qu'vne ombre & vne figure, ils l'ont quitée de la mesme sorte que l'on fait laisser la Grammaire à ceux que l'on auance aux sciences superieures ; si bien que cét exemple ne conclut rien en faueur de nostre Aduersaire : aussi la-t-il touché fort legerement sans s'y estre beaucoup arresté, & apres il passe à d'autres réponses qui semblent plus essentielles & plus serieuses.

Pag. 75. & 76.

Il allegue donc deux raisons pour lesquelles il ne veut pas que l'on fasse le mesme iugement de ceux qui meurent en la communion de l'Eglise Romaine ; & de ceux qui sont morts en son vnité auant la reformation pretendüe. La premiere de ces raisons, c'est que l'ignorance à ce qu'il estime, à rendu nos Peres plus excusables ; La seconde c'est que l'Eglise Romaine n'est plus la mesme qu'elle estoit lors. C'est ce que nous auons à considerer : mais auparauant posons bien le sens & la doctrine du Ministre.

Voyons en premier lieu iusques à quel temps il dit que l'on pouuoit se sauuer en la communion de l'Eglise Romaine. Et premierement il est tres certain qu'il y comprent tout celuy qui s'est écoulé auant les autheurs de sa secte : & ainsi Luther n'ayant commancé à fonder ses nouuelles Eglifes qu'enuiron l'an 1521. il s'enfuit que du confentement de noftre Aduerfaire on pouuoit fe fauuer parmi nous dans toutes les années precedentes. Mais il paffe encore plus loin : car décriuant au long la maniere auec laquelle les Curés de Metz exhortoient les agonizans en l'an 1543. felon le manuel imprimé fous l'authorité du Cardinal de Lorraine qui regiffoit alors ce Diocefe, il ne fait nulle difficulté d'auoüer, que l'on pouuoit mourir mefme en ce temps là dans la communion de l'Eglife Romaine fans preiudice de fon falut. Et enfin voulant expliquer quand les chofes ont commancé d'y eftre tellement renuerfées qu'on ne peut plus y efperer la vie eternelle, il rapporte ce changement enuiron à la feffion 4. du Concile de Trente qui fut tenüe l'an 1546. & veut faire croire au peuple ignorant, que depuis cefte feffion, & les Peres de ce Concile, & les Papes en executant fes decrets, ont introduit dans l'Eglife Romaine vne doctrine fi pernicieufe, qu'on ne peut plus y obtenir la couronne que Dieu à promife à fes feruiteurs.

Pag. 98. & en fuite.

Pag. 104.

Pag. 106. & 107.

Delà il s'enfuit qu'auant ce temps là les fideles fe pouuoient fauuer en la creance de l'Eglife Romaine : & certes la queftion mefme comme il la propofe ofte tout le doute qu'on pouroit auoir de son sentiment sur ce sujet là. Car ce qu'il veut éclaircir principalement, c'est *Pag. 75.* l'estime qu'il faut faire de ceux *qui sont morts en la communion de l'Eglise Romaine auant la reformation.* Qui dit communion, dit societé de créance, d'autant que le nœud le plus ferme qui lie la communion Ecclesiastique, c'est la profession de la mesme foy. En effet il n'est pas possible de viure en la communion d'vne Eglise, sans participer à ses Sacremens & au seruice par lequel elle adore Dieu : Ce qui enferme vne declaration solénelle qu'on approuue & qu'on reçoit sa creance. Le Ministre luy mesme reconoistra que ceux qui font la Cene auec luy professent hautement par ceste action la doctrine de ses Eglises. Il faut dire la mesme chose de nos Ancestres ausquels il ne denie pas le salut; qui toutefois mourans comme il le confesse en l'vnité de l'Eglise Romaine, & en la communion de ses Sacremens, ont assez témoigné par là qu'ils n'auoient point d'autre foy que la sienne. Mais ce qui acheue de nous découurir la pensée du Sr. Ferry sur ce point, c'est ce qu'il dit en la page 98. & dans les suiuantes.

C'est là qu'il remarque de quelle sorte l'Eglise Catholique de Metz exhortoit & consoloit les mourans en l'an 1543. Il recite toutes les

Refutation du Catechisme du Sr. Ferry. 21

interrogations qu'on leur faisoit, & apres les auoir bien considerées, il declare nettement qu'il ne doute point qu'ils ne se pussent sauuer en ceste creance. Examinons donc qu'elle estoit la foy qu'ils professoient iusques à la mort.

La premiere question qu'on fait au malade, & sur laquelle on luy demande son consentement, est couchée dans le Rituel, & rapportée dans le Catechisme en ces termes. *Mon amy voulez vous viure & mourir en la foy Chrestienne comme vray, loyal & obeissant fils de nostre Mere saincte Eglise.* Le malade respondoit, *oüy*, & ie soustiens que par ceste seule parole, il faisoit profession de croire tout ce qui estoit crû en l'Eglise. Pag. 98.

Le Ministre dira sans doute qu'on ne luy parloit pas de l'Eglise Romaine: & que *celle qui estoit nommée la Mere saincte Eglise n'estoit pas la particuliere de Rome, mais l'vniuerselle, & n'auoit point d'autre nom à Metz, ny ailleurs que de Catholique & Apostolique.* Mais certes il s'abuse visiblement s'il croit que nous restreignions le titre d'Eglise Catholique à la seule Eglise de Rome comme il le suppose en plusieurs endroits. L'Eglise que nous appellons Catholique n'est pas renfermée dans les murailles d'vne seule Ville si grande & si peuplée qu'elle soit. Elle Pag. 141.

s'étent bien loin dans les nations. Ceste mesme Eglise que nous nommons Catholique & Apostolique, parcequelle à la succession des Apostres, & qu'elle se multiplie tous les iours par toutes les Prouinces du monde, nous la designons aussi par le nom d'Eglise Romaine, par ce qu'vne Tradition ancienne luy aprent à reconoistre l'Eglise de Rome comme le chef de sa communion ; & par la nous la distinguons plus specialement de toutes les sectes qui se sont separées du siege de l'Apostre S. Pierre, que l'antiquité Chrétienne à reueré des les premiers temps comme le centre de l'vnité Ecclesiastique. Nous ferons voir à nostre Aduersaire en vn autre lieu que nos Peres nous l'ont ainsi enseigné. Maintenant il nous suffit qu'il obserue que c'est de ceste Eglise que le Curé parle dans les pieuses interrogations qui sont apportées dans le Catechisme. Car il est clair qu'il ne parloit pas de l'Eglise Lutherienne, ny de la pretenduë reformée, ny de l'Ethiopique, ny de la Grecque. Il parloit de l'Eglise en laquelle il estoit établi Pasteur ; ou le malade vouloit mourir : à laquelle il auoit demandé le Saint Viatique du Diuin Corps de nostre Sauueur, & le remede salutaire de l'Extrême-Onction : de laquelle il atandoit les honneurs de la sepul-

Refutation du Catechisme du Sr. Ferry. 23

ture Ecclesiastique. Cellelà estoit sans doute l'Eglise que l'vsage commun appelle Romaine. C'est de ceste Eglise que le malade se reconoissoit *le vray fils, le fils loyal & obeissant*; & ainsi témoignoit il pas, qu'il embrassoit sincerement sa doctrine, qu'il receuoit auec humilité ses decisions, qu'il suiuoit de tout son cœur ses enseignemens? Et toutefois le Ministre auoüe que le chemin du Ciel luy estoit ouuert bien qu'il fist ceste declaration en mourant. Par consequent il faut qu'il accorde qu'en l'an 1543. les fideles se pouuoient sauuer en la communion, & en la creance de l'Eglise Romaine.

C'Est icy que ie luy demande quel nouueau crime à commis l'Eglise Romaine, de quelle nouuelle heresie s'est elle infectée depuis l'an 1543. & 46. & d'ou vient que depuis ce temps là seulement elle ne peut plus engendrer des enfans au Ciel? Ie n'ay pas besoin d'employer icy ny des raisonnemens recherchez, ny des remarques étudiées. Ie ne veux seulement que le sens commun pour voir que nostre foy ne differe pas de celle que nos ancestres professoient alors : Et de la il est aisé de conclure que s'ils se sont sauuez en ceste créance, il n'y à aucune raison de douter de

CHAP. 2
Qu'il n'y à aucune difficulté que nous ne soyons dans le mesme état que nos Peres en ce qui regarde la Religion.

nous. Mais pour bien entendre ceste verité il faut considerer auant toutes choses quel estoit en ce temps là l'état de l'Eglise.

Que la foy fust la mesme, ie le puis iustifier aisément par les reproches de nos Aduersaires. Il est clair que les Ministres ne forment aucune accusation contre nous que leurs predecesseurs n'ayent commancée auec vne pareille animosité. Il seroit long de citer les passages; mais il est assés constant que la Saincte Messe, les Images, les Reliques, le Purgatoire, l'inuocation des Saincts, le merite des œuures, & enfin tous les autres points que l'on nous objecte, ont esté le sujet de leurs inuectiues: & entre les articles qui sont recitez en la page 37. du Catechisme, par lesquels le Ministre pretent que nous auons peruerti l'Euangile, ie soustiens qu'il n'en sçauroit designer vn seul, que ses Peres n'ayent deja taxé de leur temps auec vne vehemence extraordinaire. Il faut donc necessairement qu'il confesse, ou que ses premiers Maistres ont esté d'impudens calomniateurs, ou bien que si l'on nous à fait les mesmes reproches, nous auions par consequent la mesme doctrine.

Ce qui le monstre encore plus clairement, c'est que les premiers Docteurs de nos Aduersaires, faires, non contens de reprendre ceste creance, pour faire voir combien ils s'en éloignoient, se sont publiquement separés de la communion de l'Eglise Romaine, prenans pour pretexte les mesmes causes que nos Aduersaires défendent encore : Ce que le Ministre ne peut nier sans vne insigne infidelité. Et qui ne voit par là qu'ils iugeoient, que la foy qu'on professoit en l'Eglise, estoit directement opposée à celle qu'ils vouloient introduire ?

En effet ils ont bien vû qu'ils se roidissoient contre vne creance receüe : Aussi tost qu'ils parurent au monde, & que sous le beau pretexte de reformation ils débiterent leurs nouueaux dogmes, & les Euesques, & les Conciles, & les Vniuersités Catholiques resisterent hautement à leurs entreprises : Chacun s'étonna de leur nouueauté ; & c'est vne marque éuidente que la doctrine qu'ils venoient combatre estoit profondément imprimée en l'esprit des peuples : Ce qui ne seroit pas ainsi arriué si elle n'eust esté confirmée depuis plusieurs siecles par vn consentement general.

Bien plus, il est certain, que non seulement les points de nostre doctrine que nos Aduersaires contestent, estoient crûs pendant ce temps là par tous les fideles qui viuoient en nostre communion; mais encore que pour la pluſpart ils auoient déja eſté definis par l'authorité des Conciles, contre diuerſes ſectes qui s'y eſtoient iniuſtement oppoſées. Le Sr. Ferry *Pag. 57.* dit il pas luy meſme que *des l'an 1215. au Concile de Latran la Tranſubſtantiation auoit eſté paſſée en article de foy?* Par conſequent cét article eſtoit crû dans le temps duquel nous parlons, pendant lequel du conſentement du Miniſtre on pouuoit ſe ſauuer parmy nous. Neantmoins il n'eſt pas croyable combien nos Aduerſaires l'ont en horreur. Du Moulin dit en ſon Bou- *Sect. 173.* clier de la Foy que *ceſte Tranſubſtantiation ſappe la pieté par les fondemens, & frappe droit au cœur de la Religion.* Que s'ils demeurent d'accord que ceſte creance n'a pas empeſché le ſalut de nos Peres, ne nous font ils pas voir ſans difficulté qu'ils ſe ſont emportés exceſſiuement quand ils l'ont ſi ſeuerement cenſurée? & en ſuite ne nous donnent ils pas vne certitude infaillible, qu'il n'y a plus aucun point de noſtre doctrine qui puiſſe nous exclure du Ciel, puisque celuy-cy qu'ils blaſment ſi fort n'en a pas exclu nos pieux Anceſtres?

D'auantage, peut on nier que la Meſſe ne fuſt le ſeruice public de l'Egliſe? Nos Aduerſaires ne le conteſtent pas, & c'eſt vne verité trop conüe. Or c'est ce qu'ils ont le plus en execration; c'est la Messe qu'eux & leurs Peres ont decriée comme le comble de toute sorte d'impietés & d'idolatries. Mais il faut bien qu'ils sentent en leurs consciences que tous ces reproches sont tres iniustes, puis qu'ils auoüent maintenant, & qu'ils preschent, & qu'ils enseignent mesme dans leurs Catechismes, qu'auant leur reformation pretanduë, & iusqu'à l'an 1543. ou la Messe constamment estoit en l'Eglise en la mesme veneration qu'elle est en nos iours, ceste Eglise qui la celebroit, ne laissoit pas de contenir en son sein, & d'y conseruer iusques à la mort les enfans de Dieu.

Que dirai-je de l'administration de l'Eucharistie? est-il rien de plus ordinaire en la bouche de nos pretandus reformés, qu'vn de nos plus grands atantats contre l'Euangile, c'est de ne la donner pas sous les deux especes? C'est ce qu'ils ne cessent de nous reprocher. Cepandant au temps duquel nous parlons, ceste Eglise qui selon l'auis du Ministre mesme conduisoit si bien ses enfans à Dieu, ne les communioit que sous vne espece. Et qui ne sçait que quelques Bohemiens animés par les predications de Iean Hus, aians rétabli la communion du sacré Calice, le Concile General de Costance prononça qu'il

D 2

Seff. 13. falloit croire sans aucũ doute, que tout le Corps & tout le Sang de nostre Seigneur estoit vraiment sous chacune des deux especes; Que la coustume de communier sous la seule espece du pain tenoit lieu de loy qui ne pouuoit estre changée sans l'authorité de l'Eglise; & que tous ceux qui seroient contraires à ceste doctrine deuoient estre tenus heretiques. Telle fut la decision du Concile qui ayant esté embrassée par toute l'Eglise, il n'y à qu'vne extrême ignorance qui puisse douter de sa foy sur ceste matiere.

Pag. 57. D'ailleurs, les Caluinistes publient tous les iours, & le Ministre ne le niera pas, que les Vaudois & les Albigeois sont leurs venerables predecesseurs, qu'ils ont professé leur mesme creance, & qu'ils se sont retirés d'auec nous pour les mesmes causes, pour la Messe, pour l'Inuocation des Saincts, pour le Purgatoire, pour les Images, pour la primauté du Pape, pour le Sacrement de la Saincte table, & ainsi du reste. Or il est tres certain que l'Eglise condanna ces heretiques si tost qu'ils parurent. Et en condannant leur doctrine, qui ne voit que par vne mesme sentence elle à proscrit celle des Caluinistes qui se glorifient d'estre leurs enfans? De ceste sorte quand ils sont venus, il y auoit déja plusieurs siecles que leurs principales maximes auoient esté publiquement rejettées, & par consequent les contraires reçeües par l'authorité de l'Eglise.

Mais ce qui fait clairement conoistre combien elle detestoit ces opinions, c'est que Iean Viclef & Iean Hus les ayant presque toutes resuscitées, le Concile General de Constance, & le Pape Martin V. & toute l'Eglise renouuella contre eux le iuste anatheme qu'elle auoit prononcé contre les Vaudois. Et apres tant de condannations, qui seroit si aueugle que de ne voir pas, combien de points que nos Aduersaires ont taxez d'erreur estoient reçeus en l'Eglise Romaine comme des articles de foy Catholique, dans le temps où le Catechiste confesse qu'on pouuoit y trouuer la vie eternelle.

Encore que ces choses soient tres euidentes, ie suis contreint de les expliquer au Ministre qui fait semblant de les ignorer. Qu'il lise la session 8. auec la 15. du Concile vniuersel de Constance, & la Bulle du Pape Martin V. touchant la condamnation des erreurs de Iean Hus, & de Iean Viclef deux de ses Prophetes: Là parmy les propositions censurées, il y trouuera cellescy entre autres. *La substance du pain*

Propositions de Iean Viclef & de Iean Hus censurées au Concile de Cõstance. Seſſ. 8. & 15.

materiel & ſemblablemẽt la ſubſtance du vin materiel, demeure dans le Sacrement de l'Autel. I. C. n'eſt pas reellement en ce Sacrement en ſa propre preſence corporelle; C'eſt à dire par la preſence de ſon Corps. Il n'eſt pas fondé en l'Euangile, que I. C. ait inſtitué la Meſſe. Il n'y a aucune apparence qu'il ſoit neceſſaire qu'il y ait vn chef qui regiſſe l'Egliſe militante dans les choſes ſpirituelles, & qui viue, & ſoit conſerué touſiours auec elle. Il n'eſt pas de neceſſité de ſalut de croire que l'Egliſe Romaine ſoit la premiere entre toutes les autres ; C'eſt vne erreur, remarque icy le Concile, ſi par l'Egliſe Romaine il entent l'Egliſe vniuerſelle, ou le Concile General, ou entant qu'il nieroit la primauté du Souuerain Pontife ſur les autres Egliſes particulieres.

Bulle de Martin V cõtre Ieã Vviclef & Iean Hus. tom. 4. Conc. gener. editio. Rom.

En conſequence de ces erreurs ainſi condamnées, le Pape auec le conſentement du Concile, ordonne que celuy qui aura ſoutenu ces propoſitions, ou qui ſera ſoupçonné de les croire ſoit interrogé en ceſte maniere. S'il croit qu'au Sacrement de l'Autel apres la conſecration du Preſtre ſous le voile du pain & du vin, ce n'eſt pas du pain & du vin materiel, mais le meſme I. C. qui a ſouffert à la Croix, & qui eſt aſſis à la droite du Pere. S'il croit, & aſſure que la conſecration eſtant faite, ſous la ſeule eſpece du pain ſoit la chair de I. C. ſon Sang, ſon Ame, ſa Diuinité, & enfin I. C. tout entier. S'il croit que la coutume de communier les laïques sous la seule espece du pain obseruée par l'Eglise vniuerselle, & approuuée par le Concile de Constance, doit-estre tellement gardée, qu'il n'est pas permis de la blasmer ou de la changer sans l'authorité de l'Eglise. S'il croit que le Chrestien outre la contrition de cœur est obligé par necessité de salut, de se confesser aux seuls Prestres quand il le peut, & non à aucun laïque si deuot qu'il soit. S'il croit que l'Apostre S. Pierre à esté Vicaire de I. C. ayant puissance de lier & délier sur la terre. S'il croit que le Pape élu canoniquement est successeur de S. Pierre ayant la supréme authorité en l'Eglise de Dieu. S'il croit les Indulgences. S'il croit qu'il est permis aux fideles de venerer les Images & les Reliques des Saincts, & generalement tout ce qui à esté desiny au Concile General de Constance. Telles furent les decisions de ce S. Concile; reste maintenant que nous remarquions ce qu'il en resulte à nostre auantage.

CHAP. 3.
que ceste conformité de creance prouue clairemēt que nous pouuons

CEs choses aians esté resoluës ainsi que ie les ay rapportées, s'il reste quelque sincerité au Ministre, il reconoistra franchement que ce Concile estant receu comme vniuersel, ses determinations ont esté suiuies par toute l'Eglise, & que iamais elles n'ont esté reuoquées. D'ou il s'ensuit tres euidemment que

Refutation du Catechisme du Sr. Ferry.

nous sauuer en l'Eglise Romaine auec la mesme facilité que nos ancestres, & que le Ministre qui nous condāne ne s'acorde pas auec luy mesme.

dans le temps duquel nous parlons, & lors que le Concile fut ouuert à Trente, elles estoient en la mesme vigueur, & en la mesme veneration : Et qu'il y auoit vn siecle passé que la pluspart des points contestés, & encore sans difficulté les plus importans, estoient proposés à tous les fideles par l'authorité de l'Eglise, en la mesme maniere que nous les croyons, & auecque vne pareille certitude.

D'ailleurs, ces interrogations de Martin V. que l'on faisoit en particulier à ceux que l'on soupçonnoit d'heresie, tenoient lieu d'vne profession de foy speciale, que l'on exigeoit d'eux sur tous ces articles : Tellement qu'il estoit impossible de demeurer en la communion de l'Eglise Romaine sans les croire & les professer : D'ou il s'ensuit que le Concile de Trente n'a rien ordonné sur toutes ces choses, qui n'eust esté deja établi auec la mesme fermeté du temps de nos Peres : Et c'est ce qui fait voir manifestement combien le Ministre abuse le monde, quand il tasche de persuader, que c'est à Trente que se sont faits ces grands changemens dans la Religion ancienne, & que c'est en suite de ses decrets que l'entrée du Royaume Celeste nous est interdite.

Pag. 107. & en suite

Ie ne voi pas ce qu'il peut répondre à des raisons si

Refutation du Catechisme du Sr. Ferry.

sons si fortes & si euidentes. Niera-til que la foy de nos Peres fust telle en ce temps là que ie la propose ? Mais qu'estce qui peut mieux faire voir la creance qui est tenuë dans l'Eglise, que les déterminations qu'elle fait dans ses assemblées generales sur les doutes & sur les questions qui s'eleuent ? N'estce pas sur les resultats des Conciles que les confessions de Foy sont dressées ? Dira-til qu'il y a d'autres points que ie n'ay pas encore touchés ? Mais du moins il auoüera sans difficulté que ceux que i'ay rapportez sont les principaux ; & que si nous en estions demeurez d'accord, presque toutes nos disputes seroient terminées. A quoy donc se reduira-til ? Bien auant dans le siecle passé on se sauuoit en l'Eglise Romaine ; nostre Aduersaire n'en disconuient pas : Maintenant à son auis il est impossible. Que si la creance est la mesme, pourquoy damner les vns, & sauuer les autres ? Dans vne telle conformité, surquoy le Ministre peut il fonder vne sentence si dissemblable ? Quel procedé plus iniuste ny plus temeraire ?

Ie voy bien qu'il cherche à nos Peres qui sont morts en l'Eglise Romaine vn azile asseuré dans leur ignorance. Mais en atandant que nous luy prouuions par vn raisonnement in-

Que le Ministre quiexcuse nos Peres sous pretexte de leur ignorance, ne considere pas ce qu'il dit.

E

uincible que ceſte réponſe ne s'accorde pas auec ſes principes, faiſons luy ſeulement remarquer qu'il n'a pas bien conſideré ce qu'il dit. Car ie luy demande quelle eſtime il fait des Vaudois & des Albigeois. Sontce de bons ouuriers, comme il les appelle, ou de faux Prophetes comme nous diſons ? Que s'ils ſont ces bons ouuriers, que le grand pere de famille auoit emploiés pour la reformation de l'Egliſe, ainſi que noſtre Aduerſaire l'aſſure, qui pouuoit s'excuſer ſur ſon ignorance depuis qu'ils ont paru dans l'Egliſe ? Leur ſeparation auoit elle point aſſés éclaté ? Nos Aduerſaires ne diſent ils pas que Dieu les auoit diſperſés parmy les nations & les peuples, pour y porter le témoignage de l'Euangile ? Et encore plus nouuellement Vviclef & Iean Hus que les Caluiniſtes eſtiment des leurs, auoient ils pas enſeigné & dogmatizé à la face de toute l'Egliſe ? Et d'ou vient donc que les Miniſtres declarent que l'ignorance excuſe nos Peres, puis qu'ils diſent d'ailleurs que la verité leur auoit déja eſté annoncée ? Eſtce qu'ils ſe veulent reſeruer la gloire d'auoir les premiers preſché l'Euangile, & diſſipé l'ignorance du monde ? Mais donnons au Miniſtre qu'il ſoit ainſi ; qu'il ſonge à ce qu'il à dit de nos Anceſtres qui viuoient en l'an 1543.

Pag. 57.

& encore quelque temps au deſſous; que perſiſtans iuſques à la mort en la communion de l'Egliſe Romaine, ils y ont pû obtenir la vie eternelle, comme nous l'auons montré aſſez clairement. Certes il y auoit déja vingt années que l'on preſchoit & en France & en Allemagne la reformation pretanduë,& elle faiſoit tant de bruit dans l'Europe que perſonne ne la pouuoit ignorer. Combien d'Egliſes de la nouuelle reforme auoient eſté déja établies, & meſme dans le voiſinage de Metz? Quoy plus? Le Miniſtre ne dit-il pas que *la reformation ſe preſchoit lors hautement en ceſte ville*? C'eſt peu de dire qu'elle s'y preſchoit; il dit qu'elle s'y preſchoit hautement. Cependant c'eſt dans Metz qu'il aſſure que nos Peres pouuoient mourir durant ce temps là en la communion de l'Egliſe Romaine ſans prejudice de leur ſalut. En quoy differons nous d'auec eux? Vous nous preſchés, vos predeceſſeurs les preſchoient; Vous nous appellés, ils les appelloient; Nous vous refuſons, ils les refuſoient. Par quelle iuſtice nous condamnés vous, ou par quelle iuſtice les abſolués vous, puiſque nous ſommes ou également innocens, ou également criminels?

A witeberg des l'an 1521. Sleidan. lib. 3. A Berne, à Conſtãce, à Geneuë, à Baſle, à Strasbourg en 1528 & 29 Idē lib. 6. Pag. 103.

LE Miniſtre s'eſt bien apperçeu que ceux qui conſidereroient atantiuement ceſte

CHAP. 4. Que le

E ij

conformité de créance, iugeroient sans difficulté qu'il à prononcé en nostre faueur, quand il à iustifié nos Ancestres. C'est pourquoy il n'épargne aucun artifice pour mettre quelque difference entre nous & eux. Il dit donc que les anciens Rituels dont les Catholiques vsoiét en ces temps, font bien voir que le merite du Fils de Dieu estoit leur vnique esperance ; au lieu que la doctrine que nous professons ruinant ceste confiance au Liberateur en laquelle tout le Christianisme consiste, elle renuerse par consequent l'Euangile, & détruit toute la pieté Chrétienne. C'est la le sujet principal des inuectiues de son Catechisme.

Ministre voulant mettre de la differéce entre nos Ancestres & nous, établit encore plus solidemét la sureté de nostre salut dans l'Eglise Romaine.

Pour faire paroistre la fausseté de ceste accusation mal fondée, ie n'aurois qu'à proposer en peu de paroles vne simple explication de nostre creance. Mais il y à quelque chose de plus remarquable que ie veux representer aux Lecteurs : Il faut que toutes les personnes sensées reconoissent la force secrette de la main de Dieu, qui conduit si puissamment l'esprit du Ministre ; que pandant qu'il s'eleue le plus contre nous, & qu'il defigure nostre doctrine par des calomnies plus visibles, il établit luy mesme les fondemens qui assurent nostre salut dans l'Eglise Romaine selon la consequence de ses

Refutation du Catechisme du Sr. Ferry.

principes. Pour mettre ceste verité en son iour, ie pose ces trois propositions.

1. Tánt que l'on conserue immuable le fondement essentiel de la foy, quelque erreur ou l'on soit d'ailleurs le Ministre estime qu'on se peut sauuer. 2. Ce fondement essentiel de la foy, lequel estant mis & demeurant ferme les erreurs sur les autres points ne nous dannent pas, selon les maximes du Catechiste, c'est la confiance en Iesus-Christ seul. 3. Nier que nous ayons ceste confiance c'est s'aueugler volontairement. Quand ces trois propositions seront bien prouuées, il n'y à personne si opiniastre qui ne nous accorde ceste consequence, que le Ministre démentira sa propre doctrine, s'il n'auoüe que nous pouuons nous sauuer en la communion de l'Eglise Romaine. Monstrons par des raisonnemens inuincibles ces trois importantes propositions.

Pour cela, il faut comprendre auant toutes choses quelques principes de nos Aduersaires, qui aiants estés examinez tres solidemét par des personnes d'vne reputation eminente, nous en toucherons seulement ce qui sera necessaire à nostre sujet.

C'est vne maxime constamment reçeuë parmy les Ministres, qu'il y à deux sortes d'er-

Preuue de ceste verité par trois propositions importantes.

1. Proposition que les erreurs qui ne reuersent pas les fódemens essentiels de la foy, ne preiudicient pas au salut, selon le sentiment du Ministre & de ses confreres.

reurs en la foy. *Les vnes*, dit vn Ministre celebre, *sont pernicieuses, & incompatibles auec la vraye pieté; les autres sont moins nuisibles & ne menent pas necessairement les hommes à perdition.* De ces erreurs du second rang, ce Ministre enseigne, *que si nous ne pouuons en deliurer nos prochains, il ne faudra pas pour cela rompre auec eux; mais y supporter doucement ce qui ne s'y peut changer, & qui au fonds ne preiudicie pas à leur salut, & moins encore au nostre.* C'est ce que le Catechiste explique en d'autres paroles, lors qu'il dit, que *tout erreur qui est hors des matieres necessaires, ne doit pas estre pris pour la reuolte de la foy dont parle l'Apostre, ny estimé cause de separation.* Mais la suite de ce discours éclaircira mieux quel est son sentiment sur ceste matiere.

D'aillé Apolog. chap. 7. Imprimeé auec approbation de Mestrezat Drelincourt & Aubertin.

Pag. 44.

Cependant nous remarquerons que c'est sur ce seul fondement, que nos Aduersaires bastissent ceste vnion si mal assortie auecque leurs nouueaux freres les Lutheriens. C'est vne affaire qui s'est traitée entre les Ministres, & on n'en à pas diuulgué le secret aux peuples. De tous les articles de nostre créance, celuy qui les choque le plus, c'est la realité du Corps du Sauueur dans le Sacrement de l'Eucharistie; & toutefois les Ministres se sont accordés auecque les Lutheriens, qui la tiennent non moins

Ceste doctrine est le fondement de l'vniõ des Caluinistes auecque les Lutheriés sur le poït de l'Eucharistie.

fortement que les Catholiques. Mais parceque ie ferois fufpect à nos Aduerfaires, fi ie leurs rapportois de moy mefme vne chofe qui leur eft defauantageufe, ie les veux inftruire de la verité par le témoignage d'vn de leurs Pafteurs. C'eft D'aillé Miniftre de Charenton qui parle ainfi des Lutheriens en l'Apologie qu'il à faite des Eglifes pretanduës reformées : *I'auoüe*, dit-il, *qu'il ne nous eft non plus poffible de croire que de conceuoir ce qu'ils pofent, que le Corps du Seigneur eft reellement prefent fous le pain de l'Euchariftie. Mais bien nous eftil poffible, & comme i'eftime, neceffaire felon les loix de la charité de fupporter en leur doctrine, cela mefme que nous ne croyons pas. Car cefte opinion qu'ils ont demeurant en ces termes n'a aucun venin.* Et vn peu apres continuant le mefme fujet, *cefte hypothefe*, dit il, *ne nous engage en rien qui foit contraire ou à la pieté, ou à la charité, ou à l'honneur de Dieu, ou au bien des hommes.* Cefte verité eftant reconüe par nos Aduerfaires en termes fi forts & fi energiques, il n'y à perfonne qui ne confeffe que noftre doctrine fur ce point eft tres innocente : Et afin qu'on ne penfe pas que ce foit vne opinion particuliere, pour authorifer fa penfée, D'aillé rapporte le refultat d'vn Synode national tenu à Charenton en l'an 1631. où les Eglifes pretenduës reformées

D'aillé Apolog. chap. 7.

Synode national de Charenton en l'ã 1631. pour

authori-
ſer ceſte
vnion.
D'aillé
ibid.

reçoiuent expreſſément les Lutheriens à leur communion & à leur table, nonobſtant ceſte opinion & quelque peu d'autres de moindre importance encore. Tel eſt
le ſentiment de nos Aduerſaires touchant la
realité du Corps & du Sang dans l'Auguſte Sacrement de l'Euchariſtie.

Nous auons touſiours bien preuû que ceſte
declaration authentique auroit des conſequences treſtres conſiderables : que les Miniſtres s'eſtans relaſchés ſur ce point qui paroiſt le plus
incroiable, & qui eſt ſans doute celuy ſur lequel les contantions ont eſté de tout temps le
plus échaufees; ils auroient fort mauuaiſe grace de ſe roidir ſi fort ſur les autres: & qu'enfin
ils ſe trouueroient fort embaraſſez, à nous expliquer quels ſont les articles qui renuerſent
la pieté Chrétienne, puiſque celuycy dans leur
ſentiment n'y eſt pas contraire. Nous ne nous
ſommes pas trompez dans ceſte penſée, & nous
en voions l'effet tout viſible dans le Catechiſme du Sr. Ferry. Car encore qu'il ait remarqué
luy meſme, que la Tranſubſtantiation dont le
nom ſeul fait horreur à ſes freres, à eſté paſſée
en article de foy des l'an 1215. encore qu'il ſca-
che tresbien que la Meſſe, & la communion des
laïques ſous la ſeule eſpece du pain eſtoit receüe
en l'Egliſe du temps de nos Peres; & qu'il n'ait

pas pû

pas pû ignorer, ny ces fameuses decisions de Constance, ny les autres determinations Ecclesiastiques lesquelles nous luy auons objectées; toutes ces choses ne sont pas capables de le faire prononcer contre nos Ancestres: au contraire il presche en termes formels que iusqu'à l'an 1543. on se sauuoit encore en l'Eglise qui auoit resolu tant de points contre sa creance. Et quoi qu'il tasche d'excuser nos Peres sous pretexte de leur ignorance, c'est de la mesme que ie conclus, que les articles dont nous parlons ne peuuent pas estre fondamentaux selon les principes de nos Aduersaires, puisque tout le monde conuient vnanimement, que l'ignorance des fondemens de la foy n'est pas vne excuse suffisante deuant la iustice Diuine, & que c'est des articles fondamentaux que nous pouuons dire ce que dit l'Apostre, *qui ignore* 1. Cor. 14. *sera ignoré.*

CHAP. 5.
Cōtinuation de la mesme matiere; explicatiō du sentiment du Ministre qui declare que l'inuoca-

C'Est encore ceste vnion si celebre auecque les sectateurs de Luther qui pousse le Ministre si loin, que bien qu'il enseigne dans son Catechisme que c'est vne erreur de prier les Saincts, il ne peut croire qu'elle soit plus pernicieuse, que la creance des Eglises Lutheriennes touchant ceste incomprehensible realité du Corps du Sauueur dans le pain de l'Euchari-

F

stie. C'est pourquoi il enseigne à ses Auditeurs sans aucune ambiguité, que ceste priere n'enferme pas vne erreur dannable; & il importe pour mon dessein que le lecteur penetre bien sa pensée.

tion des Saincts n'empesche pas nostre salut.

Il faut rappeller icy la memoire des choses que nous auons déja remarquées, & considerer que le Catechiste ayant representé bien au long la maniere d'exhorter les malades pratiquée au Diocese de Metz par les Pasteurs Catholiques de ceste Eglise, declare qu'il ne doute point du salut de tous ceux qui mouroient en la foy qui leur y estoit proposée, parcequ'on les adressoit au Sauueur comme à leur vnique esperance. Toutefois voici ce qu'il dit qui merite d'estre obserué serieusement. *Vray est que le Curé y entremesloit quelque chose de l'inuocation de la Vierge & du bon Ange du malade, & du S. auquel il pouuoit auoir vne affection particuliere.* Ce sont les paroles du Catechiste dont les personnes iudicieuses reconoistront aisément l'artifice. Car il ne recite pas le passage entier comme il auoit fait tout le reste qu'il tasche de tirer à son auantage; il passe cét endroit fort legerement, *on y entremesloit*, dit il, *quelque chose & vn petit mot*. Mais faisons paroistre la verité, & découurons ce que c'est que ce *petit mot*, &

Pag. 102.

ce que veut dire ce *quelque chose*. Le Curé parloit ainsi au malade, *ayez en voſtre cœur memoire de la Croix & des playes de Ieſus-Chriſt en inuoquant à voſtre ayde la glorieuſe Vierge Marie Mere de miſericorde & refuge des pauures pecheurs, & pareillement voſtre bon Ange & les Ss. & Sainctes auſquels vous auez eu ſinguliere & eſpeciale deuotion.* Quant à ce petit mot par lequel on inuoquoit la tresſaincte Vierge, il eſtoit ainſi enoncé. *Marie mere de grace, mere de miſericorde, defendez moy de l'ennemy, & à l'heure de la mort, vueillez me receuoir. Amen.* Tel eſt le *petit mot* que le Catechiſte coule ſi doucement.

Agende de Metz de l'á 1543 fol. 63.

ibid.

I'auoüe certes qu'vn Miniſtre plus chagrin que luy s'écrieroit incontinent au blaſpheme ; mais le Sr. Ferry ne va pas ſi viſte ; ils s'eſt ſouuenu en ce lieu qu'il faiſoit vn Catechiſme non vne inuectiue. Il ſçait bien que nous recourons au Sauueur cõme à celuy qui nous à reconciliez, qui à expié nos crimes en ſa propre chair, par lequel ſeul nous auons accés au trone de grace : que nous appellons la Scte. Vierge à noſtre ſecours d'vne maniere infiniment differente, laquelle neantmoins eſt tres fructueuſe ; parceque la tres pure MARIE ayant des entrailles de mere pour tous les fideles à cauſe de ſon cher Fils IESVS-CHRIST dont nous auons l'honneur d'eſtre mé-

F ij

bres, elle s'entremet pour nous par la charité, & nous obtient des graces tres considerables par ses puissantes intercessions. Le Ministre n'ignore pas que c'est en cét esprit que nous la prions, & il ne peut croire que ceste priere ruine le fondement du salut. Peuteſtre n'oze-til pas dire tout ce qu'il en pense; mais du moins il en à dit tout ce qu'il à pû, tout ce que luy permettoit sa profession. *Ce que les liures adjouſtoient*, dit-il, *de l'inuocation à autre qu'à Dieu pouuoit eſtre interpreté en vn ſes tolerable.* Merueilleuſe conduite de la prouidence! de toutes les prieres Eccleſiaſtiques par leſquelles nous implorons l'aſſiſtance de la tres-heureuſe Marie, aucune n'eſt conceuë en termes plus forts que celle que nous auons rapportée: Et c'eſt toute fois celle là que le Miniſtre excuſe luy meſme preſſé interieurement en ſon ame par vn ſecret mouuement de l'eſprit de Dieu: Il eſt contreint de ceder à la verité; & il corrige par ſon exemple l'ardeur indiſcrette de ſes confreres, qui nommeroient ceſte oraiſon vne idolatrie, & toutes ſes paroles autant de blaſphemes.

Ce n'eſt pas qu'il ne biaiſe, qu'il ne diſſimule; que ne fait il pas pour perſuader que nos Anceſtres prioient les Sainéts autrement que nous? il aſſure que *ce qu'on faiſoit dire à la Vier-*

Paroles conſiderables du Miniſtre touchant l'inuocation de la ſaincte Vierge. Pag. 105.

Fuites du Miniſtre qui tâſche d'embaraſſer vne choſe claire.

ge, c'estoit plustost pour y adresser le malade selon l'v-   *Pag.* 102.
sage du temps, que pour luy en imposer aucune necessité ; que les Litanies se disoient par le Curé, & non pas le malade ; qu'aussi l'inuocation des Saincts n'estoit pas chose qui fust crüe necessaire à salut. Mais tant s'en faut que ces réponses nous satisfassent, qu'au contraire nous sommes certains que le Ministre luy mesme n'en est pas content. Car il sçait bien que nous enseignons la mesme doctrine que nos Peres ont professée ; si nous prions les esprits bienheureux qu'ils nous assistent par leurs oraisons, ce n'est pas que ceste priere nous soit ordonnée comme necessaire, mais elle nous est recommandée comme profitable. Le Sr. Ferry ne l'ignore pas ; & c'est pourquoy il tasche déchaper par vne autre voye. Sur la foy de Cassandre qu'il rapporte en marge, & dont il sçait bien que l'authorité n'est pas de grand poids parmy nous, il voudroit que l'on crust que *ceste priere adressée à la Saincte Vierge &*
aux Saincts, estoit plustost vn desir du priant, qu'vne *Pag.* 103.
interpellation directe du mort. Ne voyez vous pas comm'il se tourmente pour embarasser vne chose claire ? mais qu'il s'imagine ce qu'il luy plaira ; quelque artifice dont il se serue pour déguiser vne verité manifeste, nous repartirons en vn mot, que nous n'inuoquons pas les Saincts

d'vne autre maniere, ny en paroles plus expresses ny plus formelles, que sont celles que i'ay citées de ce Rituel de l'an 1543. que le Ministre produit en son Catechisme pour iustifier la foy de nos Peres.

Il à bien vû en sa conscience cõbien estoient vaines toutes ces réponses, il parle plus franchement dans la suitte, & dit que *ceste inuocation en tout cas deuoit estre prise pour le foin dont parle l'Apostre, qu'ils edifioient ou qu'ils entassoient sur le fondement qui est Iesus-Christ, & combien qu'il ne leur seruist de rien & qu'ils en fissent perte, il ne les empeschoit pas d'estre sauués.* O triomphe de la verité Catholique sur les calomnies de ses Aduersaires! Quel Ministre assez temeraire ozera nous obiecter maintenant que c'est vne idolatrie de prier les Saincts; que c'est abandonner I. C. & ruiner sa mediation aupres de son Pere? Le Sr. Ferry nous défend contre ces reproches. Car ie demãde quel salut pouroit esperer celuy qui seroit mort auec de tels crimes? Il faut donc necessairement qu'il confesse, que ses confreres qui nous en chargent sont de tres iniustes accusateurs, puisqu'il enseigne dans son Catechisme, que ceste priere qui est le sujet de leurs inuectiues les plus sanglantes, laisse le fondement du salut entier, & ne nous separe pas d'auec I. C.

Il est contreint d'auoüer que ce n'est pas vne erreur dãnable de prier les Saincts. Pag. 105.

Il sera forcé de dire le mesme des autres articles controuersés qui estoient receus en ce mesme temps par toute l'Eglise; & si quelque curieux l'interroge d'ou vient qu'il enseigne dans son Catechisme que nos Ancestres se pouuoient sauuer, bien qu'ils crussent tant de points importans cótre la doctrine de ses Eglises, comme nous l'auons prouué assez clairement, ne faudra til pas qu'il réponde ce qu'il dit de l'inuocation des Saincts, que ces erreurs *estoient le foin dont parle l'Apostre qui estoit edifié sur le fondement & qui n'empeschoit pas le salut?*

Concluons donc selon ses maximes que les erreurs quelles qu'elles soient ne nous dânent pas tant que le fondement de la foy demeure. Reste maintenant que nous expliquions quel est ce fondement de la foy dans le sentiment de nostre Aduersaire; & c'est la seconde proposition que nous auons à examiner.

Conclusion, qu'aucunes erreurs ne nous dânent tant que les fondémens de la foy demeurent.

IL n'est pas necessaire d'employer icy vne longue suite de raisónemens puisque le Ministre s'explique en termes formels; il dit nettement en son Catechisme que ce fondement qui à sauué nos Peres nonobstant toutes leurs erreurs, c'est *la confiance és seuls merites de I. C. laquelle*, ditil, *on exigeoit d'eux & dont on leur faisoit faire confession.* De là vient qu'il l'appelle en ce

Chap. 6. 2 & 3 propositions qui assurent nostre salut dans l'Eglise Romaine *que selon les principes du Ministre le fondement essentiel de la foy lequel estât posé les erreurs suradjoustées ne nous dânent pas, c'est la côfiance en I. C. seul, & que c'est vouloir s'aueugler que de nier que nous ayōs ceste confiance.*

Pag. 104.

Pag. 113.
Pag. 108.

lieu & dans tout son liure, *le vray & vnique moyen de salut, le plus grand article de tous, le sommaire de la doctrine Chrétienne, & ce qui fait veritablement le Chrétien.* De sorte que suiuant ses principes, quiconque à dans son cœur ceste confiance est appuyé sur le fondement immobile, & à cause de la fermeté de ce fondement les erreurs suradjoustées ne le dannent pas & ne le separent pas d'auec Dieu. C'est pourquoy encore qu'il soit euident que la doctrine de nos Ancestres estoit directement contraire à la sienne en beaucoup de questions importantes ainsi que nous l'auons obserué, toutefois ayant reconu ceste confiance dans les liures dont on vsoit en l'Eglise auant le Concile de Trente, il à esté contreint de nous accorder qu'on pouuoit se sauuer iusqu'àlors en la communion de l'Eglise Romaine.

C'est aussi depuis ce temps là, dit le Catechiste, que le chemin du Ciel est fermé pour nous ; parceque voicy ses paroles, *il n'est plus permis en l'Eglise Romaine de mourir en se fiant és seuls merites de I. C. parceque la iustification par la foy & la confiance de salut qui iusqu'alors auoit esté conseruée pour le refuge & pour le salut des mourans, & qui en estoit le sommaire fut condamnée, & le merite des œuures établi.*

Nous

Nous le prions, nous le conjurons par ceste charité Chrétienne, qui est douce, qui est patiente, qui n'est point ialouze, ny ambitieuse, qui ne soupçonne point le mal, qu'il dépoüille la passion de sa secte, & qu'il nous considere des mesmes yeux desquels il à regardé nos pieux Ancestres ; il trouuera sans difficulté que nous sommes encore ici auec eux.

Ie m'engage de luy prouuer tres-euidemment, qu'il faut estre ignorant de l'antiquité pour croire que la créance que nous professons touchant la iustification du pecheur & le merite des bonnes œuures, ait commancé au Concile de Trente. La section suiuante luy fera conoistre par des témoignages certains que la doctrine que nous preschons nous à esté enseignée par l'ancienne Eglise, & par ceux des Peres dont l'authorité luy doit estre la plus venerable.

En atandant que ie m'acquitte de ceste promesse, ie le prie d'écouter des Autheurs qui ne doiuent pas luy estre suspects. Ce sont les Historiens Ecclesiastiques de la reformation pretanduë qui parlent ainsi de la doctrine du 13. siecle dans la preface de leur 13. Centurie. *En ce siecle, disent ils, ceste doctrine Euangelique estoit éteinte que les hommes sont iustifiez deuant Dieu par* Magdeburg. hist. Eccle. cent. 13. in præfat.

G

la seule foy sans les œuures. La doctrine des faux Prophetes regnoit publiquement que les bonnes œuures sont meritoires du salut. Que le Ministre remarque en ce lieu, que tout ce qu'il reprent en nostre creance, ses freres l'ont attribué au 13. siecle. Il ne seroit pas malaisé de monstrer que Luther & Caluin & les autres ont parlé de la mesme sorte des siecles qui les ont precedez; & ainsi c'est en vain que le Catechiste s'éfforce à mettre de la difference entre nos Ancestres & nous, puisque ses plus grands Docteurs reconoissent qu'ils auoient les mesmes sentimens que nous professons.

Mais le Ministre est d'vn autre auis; ses Peres disent que des le siecle 13. la doctrine de la iustification estoit peruertie, & par consequent selon leur principe la confiance en Iesus-Christ ruinée. Au contraire, *en tous ces siecles*, dit le Catechiste, *& iusques à la fin du 15. non seulement il estoit permis aux Chrétiens de mourir en la confiance d'estre sauués par les seuls merites de I. C. mais mesme ils y estoient expressément adressés*; & parlant de la 6. session de Trente, il assure que *la iustification par la foy iusqu'alors auoit esté conseruée pour le salut des mourans*. Ainsi nos Aduersaires sont partagés en deux opinions differentes.

Donc ou ces illustres reformateurs ont fait

Pag. 92.

Pag. 108.

tort à l'innocence de nos Ancestres; ou le Ministre luy mesme s'abuse quand il atribüe aux Peres de Trente l'établissement de nostre doctrine touchant la iustification des pecheurs, & le merite des bonnes œuures.

Que s'il veut soutenir ce qu'il à presché, s'il dit que ce sont ses predecesseurs qui ont mal pris la pensée des siecles passés; si vne imprudente preoccupation les à emportés si loin hors des bornes d'vne moderation raisonnable; ne doit-il pas auoir vne iuste crainte, que sa veüe n'ait esté troublée par le mesme esprit qui les aueugloit, & qu'en déguisant la foy de la Saincte Eglise, il ne nous fasse la mesme iniustice, qu'il croit que ses premiers maistres ont faite à nos Peres?

Certes quelque estime qu'il ait de nostre créance, nous protestons deuant Dieu & deuant les hômes, que nous esperons vniquement au Sauueur, que c'est nostre seul pacificateur, le seul qui reconcilie le Ciel & la terre, le seul qui purge nos consciences gratuitement par son Sang: que quelque bien que nous puissions faire en ce monde, eussions nous toutes les vertus qui sont répandües dans tous les ordres des predestinés, nous ne serons iamais agreés du Pere, si nous ne luy sommes presentés au nom

Sincere protestation que toute nostre esperance est en Iesus-Christ.

de son Fils, si luy mesme ne nous presente, si nous ne paroissons reuestus de luy. C'est là nostre foy, c'est nostre doctrine, nous voulons viure & mourir en ceste esperance.

Pourquoi on donne vne croix aux mourans selon la traditiō de l'Eglise.

C'est pourquoy en consolant les malades apres leur auoir administré les Saincts Sacremens, la pieuse tradition de l'Eglise ordonne qu'on leur mette la Croix à la main comme leur sauuegarde asseurée. Ceste saincte ceremonie leur enseigne à se mettre à couuert sous la Croix contre les terribles iugemens de Dieu iustement irrité contre nous. Là vne conscience effrayée par la multitude de ses pechés respire en la Passion du Sauueur. Comme on voit vn homme à demi noyé qui se prend de toute sa force à vne branche qu'on luy tend dessus le riuage: Ainsi on auertit le vray Chrétien qu'il tienne fortement ce bois salutaire de peur que ses iniquités ne l'abisment. Donc en embrassant la Croix du Sauueur, que voulons nous dire autre chose, sinon que battus des flots & de la tempeste, menacés d'vn naufrage certain par le débris ineuitable de nostre vaisseau, nous nous iettons auec IESVS-CHRIST sur ceste planche misterieuse, sur laquelle nous croions arriuer au port de la bien-heureuse immortalité. C'est ce que signifie ceste Croix que nous presentons à nos freres agonizans: Et afin de leur releuer le courage, nous animons la ceremonie par ceste pieuse exhortation. Mon ami. Apres que Dieu vous a fait la grace de receuoir tous vos Sacremens, qui est tout ce que peut desirer le vray Chrétien prest à partir de ce monde, il ne reste plus qu'à vous resigner du tout entre les bras de sa bonté & misericorde, sans plus penser à autre chose qu'à la mort & Passion de nostre Saueur & Redempteur Iesus-Christ, de laquelle ie vous presente la figure & remembrance, suiuant la saincte & loüable coustume de nostre Mere l'Eglise, afin qu'en voyant ce venerable signacle, il vous souuienne de ce qu'il a souffert en l'arbre de la Croix pour vous, & de la charité immense qu'il vous a porté iusqu'à l'effusion de la derniere goutte de son tresprecieux Sang: Eleués donc les yeux de l'esprit & meditésicy vostre Saueur ayant le chef abaissé pour vous baiser, les bras tendus pour vous embrasser, le corps & les membres du tout ensanglantés pour vous racheter & sauuer; Priés le en toute humilité & d'ardente affection que son Sang ne soit en vain épandu pour vous & qu'il luy plaise, par le merite de sa douloureuse mort & Passion, vous octroyer pardon de toutes vos fautes, & finalement receuoir vostre ame entre ses mains, quand il luy plaira la retirer de ce monde. Ainsi soit il.

Exhortation de l'Eglise Catholique aux agonisans pour apuyer leur confiance en Iesus-Ch. Agende de Metz par feu Monseigneur l'Euesque de Madaure en l'an 1631. Pag. 91.

C'est ainsi qu'en la derniere agonie l'Eglise par sa charité maternelle excite les enfans de Dieu & les siens. Elle veut qu'ils appliquent toute leur pensée à I. C. à sa mort, & à ses souffrances : Pour rasseurer leur ame étonnée, elle leur represente ce I. C. se donnant à eux, se sacrifiant, s'épuisant pour eux : C'est delà qu'elle leur ordonne de tout esperer & en ceste vie & en l'autre : Et on ose luy reprocher qu'elle ne laisse pas mourir ses enfans en ceste confiance Chrétienne en Iesus-Christ seul ; Quelle iniustice ? quelle calomnie ?

Que l'Eglise Catholique exige des fideles mourans ceste salutaire confession qu'ils n'esperent rien qu'é I. C. Agende de Metz de l'an 1631. Pag. 70. Pag. 59.

Elle ne se contente pas de les exhorter, elle leur fait professer ceste foy, & l'Agende dont nous vsons ordonne aux Curez d'exiger des agonisans ceste mesme confession, qui selon le Catechiste à sauué nos Peres en l'an 1543. *Ne croyez vous pas fermement que nostre Seigneur I. C. à voulu mourir pour vous, & qu'autrement que par sa mort & Passion vous ne pouuez estre sauué ?* On leur fait la mesme interrogation en leur donnant le Sainct Sacrement de l'Eucharistie. *Voicy,* leur dit-on, *le vray aigneau de Dieu, qui efface les pechés du monde. Voicy vostre Saueur vray Dieu & vray homme, au nom duquel il faut que nous soyons tous sauués, & sans lequel il ne faut esperer aucun salut, ny en ce monde ny en l'au-*

tre. *Le croyez vous ainsi?* En quoy donc differons nous de nos Peres? Et qu'elle est l'obstination de nos Aduersaires; Quelle aigreur, quelle animosité les aueugle & les irrite iniustement contre nous? Nous leur preschons, nous leur crions de toutes nos forces, que nous n'esperons rien que par I. C. que nous esperõs tout par I. C. & ils s'opiniastrent à publier que nous sommes capitalement opposés à ceste creance.

C'est icy que le Catechiste répond *qu'il semble que ceste demande ne soit adjoutée que par maniere d'acquit ou comme par mégarde.* O foiblesse extrême de nostre Aduersaire! Car la charité Chrétienne m'empesche d'vser d'vne censure plus rigoureuse. Recourir à des réponses si vaines, estce pas se sentir vaincu & ne l'oser dire? Mais demandons luy pourquoy il luy semble que ceci est adjouté par mégarde. C'est, dit-il, *parceque ceste demande est obmise en celles que l'on fait aux Allemans.* Et pourquoy ne dites vous pas bien plutost que c'est par mégarde qu'elle y est omise? Quelle personne de sens rassis ne iugera pas que l'on omet par inaduertence, & que l'on adjoute par iugement? Toutefois il vous plaist de dire, que ce qu'on adjoute c'est par mégarde, & que ce qu'on oublie c'est par choix. Mais venons à vne réponse

Pag. 113.

Ibid.

plus decisiue. Il est faux que l'Eglise Catholique n'exige pas des Allemans la mesme creance qu'elle fait professer aux François. Elle sçait que l'Euangile ne reconoist point la difference des nations, si ce n'est pour les assembler en nostre Seigneur, & pour en faire vn mesme peuple beni, par la grace de la nouuelle alliance. Ecoutés comme le Pasteur Catholique parle aux Allemans en l'Agende dont nous vsons, & en laquelle vous nous reprochés que ceste pieuse interrogation à esté omise. Voici ce que leur dit le Curé en leur administrant le Sainct Viatique.

Exhortation aux Alemans dans l'Agende de Monf. de Madaure. Pag. 61.

Il faut croire fermement que vous deués estre sauué par la Croix & par le Sang precieux de nostre Seigneur Iesus-Christ, & non point par vos propres merites qui sont trop petits pour cela. Et apres, regardés vostre Redempteur vray Dieu & vray homme au nom duquel seulement nous serons sauués, & sans lequel il n'y a point de salut à esperer ny en ce monde ny en l'autre. Que reste-til à dire pour vous satisfaire ? Estce encore par mégarde que nos Euesques mettent ceste belle exhortation en la bouche des Curés d'Allemagne ? C'est bien se deffier de sa cause que de vouloir la fortifier par des obseruations si peu digerées, & par des faussetés si visibles.

Eueillez

E Veillez vous donc, nos chers freres, re- CHAPI.
conoiffés enfin que l'on vous abufe, & dernier.
que l'on vous déguife noftre doctrine afin de Conclu-
vous la rendre odieufe. Mais admirés que vo- fion & fō-
ftre Miniftre dans le temps qu'il déclame le maire de
plus contre nous, eft tellement preffé en fa con- difcours.
fcience par la force toutepuiffante de la verité,
qu'il vous monftre luy mefme dans noftre Eglife la fureté infaillible de voftre falut ; vous en
eftes bien peu foigneux fi vous ne confiderés
atantiuement vne verité de cefte importance.
Elle vous paroiftra euidente fi vous pefés fe-
rieufement en vous mefmes les raifons que ie
vous ay propofées, & que ie vous reprefente-
ray en peu de paroles pour vous en rafraifchir
la memoire.

Souffrés premierement que ie vous demande quel obftacle vous trouués à noftre falut.
Vous dirés que c'eft la doctrine que nous pro-
feffons ; Mais ce n'eft pas le fentiment de voftre
Miniftre. Car il vous a enfeigné en termes formels que nos Anceftres fe pouuoient fauuer
iufqu'à l'an 1543. en la communion de l'Eglife
Romaine ; Toutefois il n'ignore pas & nous
luy auons prouué affes clairement que la créance qu'ils profeffoient eftoit entierement conforme à la noftre dans les points principaux

H

de nos controuerses.

La presence reelle du Corps du Sauueur dans le Sacrement de l'Eucharistie, la Transsubstantiation & la Messe, la communion des laiques sous la seule espece du pain, la veneration des Images, la Primauté du Pape & les Indulgences, & les autres articles dont i'ay parlé, sont ceux que vous combatés auec plus d'ardeur; Et neantmoins on ne peut nier apres les raisons que i'en ay données que nos Peres ne les reçeussent dans le temps auquel on vous à presché qu'ils pouuoient obtenir la vie eternelle en l'vnité de l'Eglise Romaine.

Ils estoient si certainement établis, que tous ceux qui s'y opposoient estoient condamnés par l'authorité de l'Eglise, & que l'on exigeoit d'eux sur tous ces articles vne profession de foy speciale, sans laquelle on les separoit de la communion Ecclesiastique.

I'aurois pû produire en ce lieu plusieurs témoignages irreprochables; mais le seul Concile de Constance acheué il y à plus de deux cents ans suffit pour confirmer ceste verité.

an. 1417.

Les decisions de la foy qui auoient esté faites en ce S. Concile auoient la mesme authorité dans toute l'Eglise que celles du Concile de Trente y ont maintenant; d'ou il s'ensuit qu'il estoit impossible de viure en la communion de l'Eglise Romaine sans croire ce qui auoit esté prononcé.

Aussi ceux qui ne vouloient pas s'y soumettre éleuerent dès ce temps là Autel contre Autel, ils se firent des Eglises nouuelles & separées, comme les Hussites & les Picards, & les autres sectes de la Boheme.

En effet il n'est pas conceuable qu'on demeure en la communion d'vne Eglise, sans tenir la doctrine qu'elle professe, sans participer à ses Sacremens, & au seruice par lequel elle adore Dieu.

Il faudroit estre bien temeraire pour nier que le seruice public de l'Eglise en l'an 1543. fust le sacrifice de nos Autels, & que les Sacremens s'y administrassent en la forme dont nous vsons. Pour ce qui regarde la foy, l'Eglise ne pouuoit nous la declarer d'vne maniere plus autentique & plus solemnelle, que par ses Conciles vniuersels.

Toutes ces choses n'empeschent pas que vostre Ministre n'ait enseigné dans son Catechisme, que nos Ancestres se pouuoient sauuer en la communion de l'Eglise Romaine : nous disons que nous auons mesme droit, & nous atandons de tous les bons iuges vne sentence aussi fauorable.

H ij

Ie sçay que vostre Catechiste répond que l'ignorance de nos Ancestres à pû excuser leurs erreurs. Mais cela ne s'accorde pas auec les principes qu'on vous enseigne.

Vous dites que nous sommes inexcusables, parceque nous resistons à la verité apres que vous nous l'auez si bien enseignée : Voila vne grande accusation ; Mais si vous la voulés soustenir, par quelle adresse defendrez vous vos nouueaux freres les Lutheriens, à qui vous preschés depuis plus d'vn siecle la créance de vos Eglises touchant le Sacrement de l'Eucharistie ? Ils l'entendent, ils la reiettent, ils la condamnent, ils refusent la communion que vous leurs offrez : Toutefois vous les auoüés pour vos freres, & vous les admettés à la Table, à laquelle vous ne deuez receuoir que ceux que vous estimez vrais fideles.

Vous serez contreints de répondre que la doctrine des Lutheriens ne détruit pas les fondemens de la foy, & c'est en effet pour ceste raison que vous vous estes vnis auec eux, ainsi que nous l'auons monstré clairement. Mais c'est par là que vous appuiés nostre cause, & que vous la rendez infaillible.

Ie demande si ce que nos Peres croioient de la Saincte Messe, de l'administration de l'Euchariſtie, de la Tranſſubſtantiation & des autres points, renuerſoit les fondemens de la foy.

Certes ſi la doctrine de nos Anceſtres euſt détruit les fondemens de la foy, il n'y auroit point eu de ſalut pour eux, & l'ignorance ne les auroit pas excuſés comme voſtre Catechiſte l'enſeigne. Car nous conuenons les vns & les autres, que l'ignorance n'eſt pas vne excuſe dans les articles fondamentaux : Autrement nous ſerions obligés d'excuſer & les heretiques & les infideles auſquels Dieu par vn ſecret iugement n'a pas reuelé ſes miſteres.

Il faut donc neceſſairement que vous confeſſiez que nos Peres n'erroient pas dans les fondemens, & qu'en ſuite vous diſiez le meſme de nous, puiſqu'il paroiſt ſi euidemment que nous profeſſons la meſme doctrine.

Que ſi l'on demeure d'accord que ces grands articles de noſtre créance ne nuiſent pas à noſtre ſalut, nous laiſſons aux perſonnes ſenſées de peſer en eux meſmes d'vn iugement ſain ce qu'elles doiuent croire des autres.

Icy voſtre Catechiſte s'éleue, & pour mettre quelque difference eſſentielle entre nos Anceſtres & nous, il dit que nous auons ruiné ceſte ſalutaire confiance en IESVS-CHRIST ſeul en laquelle nos Peres ont eſté ſauués. C'eſt là qu'il se reduit comme dans son fort, & il paroist que c'est l'vnique raison pour laquelle il ne craint pas de nous condamner. En effet nous confessons que s'il est ainsi nous sommes dignes du dernier supplice.

Pour authoriser vn si grand reproche, il nous objecte que le Concile de Trente à reietté la iustification par la foy & établi le merite des œuures. Mais s'il n'a que ceste seule raison pour nous separer d'auec nos Ancestres, il s'appuye sur vn mauuais fondement, puisque ses propres Autheurs ont dû luy apprendre que la doctrine que nous preschons estoit déja crüe au 13. siecle: & nous auons promis de luy faire voir que nous la tenons de l'ancienne Eglise.

Il a recouru aux vieux Rituels dont vsoient nos Peres: Et nous luy monstrerons dans ces Rituels que le merite des bonnes œuures passoit pour certain, puisque les fideles y sont exhortés dans les assemblées Ecclesiastiques de se confesser aux iours solemnels afin que leurs œuures soient meritoires.

Agende de 1543. Pag. 83.

Il tire de ces anciens Rituels la forme de consoler les agonizans, par laquelle il iustifie que nos Peres auoient toute leur confiance au Sauueur. Or nous luy faisons lire dans les Agendes que nos derniers Euesques ont fait publier, ceste mesme confession, ceste mesme foy, ceste mesme esperance au Liberateur laquelle à son auis sauuoit les fideles qui viuoient dans l'Eglise Romaine en l'an 1543.

Quand nos Rituels s'en tairoient, toutes les prieres Ecclesiastiques témoigneroient assez ceste verité. Nous ne demandons que par Iesus-Christ, nous ne rendons graces que par Iesus-Christ, nous ne nous presentons deuant Dieu qu'au nom & par les merites de Iesus-Christ. Ce nom salutaire du Mediateur conclut toutes les oraisons de l'Eglise, & nous sommes tres assurés que c'est en ce nom seul qu'elles sont receües.

Lorsque nous honorons la memoire des Apostres & des Martyrs & des autres fideles de Dieu qui regnent auec luy dans sa gloire, nous le prions au nom de son Fils qu'il ait agreables les oraisons que les Saincts ses seruiteurs luy offrent pour nous. N'estce pas declarer assez nettement, que nous n'esperons rien de leur assistance si leurs vœux ne sont presentés par nostre Sauueur?

C'est que nous sommes persuadés, qu'encore que l'Eglise de Dieu sur la terre, & les esprits bien-heureux dans le Ciel ne cessent iamais de prier, il n'y à que IESVS qui soit exaucé, parce que les autres ne le sont qu'à cause de luy.

Bien plus, il n'y à que IESVS qui prie, parceque premierement c'est son esprit sainct qui forme en nos cœurs toutes nos prieres ; & apres c'est que nous sommes ses membres, & c'est ce Diuin chef qui fait tout en nous. C'est pourquoy le graue Tertullien dit si bien dans son traité de la penitence, *si l'Eglise c'est Iesus-Christ,* *lors que tu te prosternes deuant les genoux de tes freres, tu touches Iesus-Christ, tu pries Iesus-Christ. Quand ils versent des larmes sur toy, c'est Iesus qui souffre, c'est Iesus qui prie Dieu son Pere. On obtient tousiours aisément ce qu'vn Fils demande.*

Tertul. de pœnit. cap. 10. Ecclesia verò Christus. Ergo cùm te ad fratrũ genua protendis, Christum côtrectas, Christum exoras. Æquè illi cũ super te lachrymas agũt, Christus patitur, Christus patrẽ deprecatur Facile impetratur semper quod filius postulat.

C'est dans ceste pensée si Euangelique que nous demandons le secours des Saincts auec tant de deuotion : En eux nous prions I. Christ; nous croions que I. C. prie en eux pour nous, & c'est pourquoy nous ne nous doutons pas que leurs intercessions ne soient tres puissantes.

Ie ne comprens pas comment on peut dire qu'vne priere conceüe de la sorte ruine la confiance au Sauueur. Aussi le Catechiste à-til confessé que nos Peres prioient les Saints sans preiudice de leur salut, & sans détruire le bon fondement qui appuye les ames fideles en Iesus-Christ seul. Nous auons exposé tres fidelement

delement ce qu'il en à presché dans son Catechisme.

Quel pretexte peut-il donc prendre pour exclurre les Catholiques du Ciel, apres auoir excusé leurs Peres ? S'il se contente d'exiger de nous ceste saincte confiance en nostre Sauueur, nous nous en glorifions comme nos Ancestres : S'il se rejette sur les autres points, nous luy auons fait voir nettement que nos Ancestres les croyoient aussi bien que nous ; & nous sommes entierement dans la mesme cause.

Ainsi ne doutez pas, nos chers freres, qu'en iustifiant nos Ancestres il ne vous inuite sans y penser à prendre la voye la plus asseurée, & à retourner à l'Eglise en laquelle nos Peres ont fait leur salut.

C'est le plus docte, c'est le plus ancien, c'est le plus celebre de vos Ministres ; il ne vous le dit pas seulement, mais il vous le presche ; & il vous le presche dans vn Catechisme ; & dans la plus solemnelle de vos assemblées ; & par là il vous prepare à la Cene. Dieu vous auertit par sa bouche que l'Eucharistie de nostre Sauueur n'estât autre chose qu'vn banquet de paix, il faudroit la receuoir en l'Eglise qui à conduit vos Peres à la paix du Ciel.

Peuteste que ces verités sont bien éloignées

I

de l'intention de voſtre Miniſtre : Mais nous liſons dans les Eſcritures que Balaam au vieux Teſtament, & Cayphe dans le nouueau ont prophetiſé contre leur penſée.

 Benie ſoit voſtre bonté, ô Pere Celeſte, qui donnés ce témoignage à nos Aduerſaires, en vne de leurs aſſemblées principales, par la bouche de leur Miniſtre le plus renommé, & qui eſt l'oracle de leur Egliſe. O Dieu ſoyez loüé eternellement. Mais acheuez, ô Pere de miſericorde, acheuez de manifeſter deuant eux voſtre bras & voſtre puiſſance. Parlez à leurs cœurs par voſtre Eſprit Sainct; diſſipez leurs erreurs par voſtre preſence, & enfin amenez les auec leur Miniſtre en voſtre Sainct Temple qui eſt voſtre Egliſe, afin que nous vous glorifions d'vne meſme voix, ô Dieu & Pere de noſtre Seigneur Ieſus-Chriſt, qui auec voſtre Fils & le Sainct Eſprit viuez & regnez aux ſiecles des ſiecles. Amen.

SECTION SECONDE.

Où il est prouué contre les suppositions du Ministre, Que la foy du Concile de Trente touchant la iustification & le merite des bonnes œuures, nous a esté enseignée par l'ancienne Eglise, & qu'elle établit tres solidement la confiance du fidele en I. C. seul.

LE plus insupportable reproche que le Ministre fasse à l'Eglise, c'est qu'il dit que la session 6. du sacré Concile de Trente établit vne doctrine nouuelle touchant la iustification & les bonnes œuures, qui renuerse ceste bien-heureuse esperance que le Chrétien doit auoir en Iesus-Christ seul. Or encore que ceste calomnie si visible ait esté suffisamment refutée, toutefois pour n'oublier rien qui puisse éclaircir les errans, proposons vn peu plus au long la foy de l'Eglise & du S. Concile de Trente; faisons voir son antiquité venerable, & prouuons par des raisons inuincibles qu'elle ne tend qu'a glorifier le Pere Celeste par son Fils bien-aimé nostre Redempteur.

Dans l'explication de nostre créance ie la rapporteray simplement comme elle est dans le Concile de Trente, parceque c'est ce Concile que l'on accuse, & parceque nul ne pourra douter, que nous ne tenions pour certain tout

I ij

ce qu'il prononce.

Afin que nostre dispute soit nette, ie proposerai auant toutes choses les principes dõt nous conuenons, & quand nous serons venus au point contesté, apres auoir dit quelle est nostre foy sans m'embarasser de questions inutiles, i'en déduiray les vrais fondemens autant qu'il sera necessaire pour la fin que ie me suis proposée, qui est de monstrer simplement, que bien loin d'auoir détruit comm'on nous l'impose ceste salutaire confiance au Liberateur, nous l'auons tres solidement établie. Commançons à poser les principes desquels par la grace de Dieu nous sommes d'accord.

Chap. 1.
Que l'Eglise Catholique enseigne tres purement le mystere de la Redemptiõ du genre humain.

PRemierement nous confessons tous que par le peché d'Adam nostre premier Pere, toute sa race à esté perdüe; Si bien que tout le genre humain estoit condamné par vne iuste & ineuitable sentence, à cause du peché d'origine par lequel nous naissons tous ennemis de Dieu.

Nulle creature viuante ny parmy les hommes ny parmy les Anges de quelque don naturel ou surnaturel que nous la figurions embellie, n'estoit capable de payer pour nous ce que nous deuions à la iustice de Dieu, ny de reparer l'iniure infinie que nous auions faite à

Refutation du Catechisme du Sr. Ferry. 69
sa Majesté. Tellement qu'il ne restoit autre chose sinon que Dieu reparast luy mesme l'iniustice de nostre crime par la iustice de nostre peine, & satisfit à sa iuste vangeance par nostre iuste punition.

Toutefois vn conseil de misericorde rétablit nos affaires desesperées : Le Fils de Dieu égal à son Pere se presenta volontairement pour estre la victime du monde : Pour satisfaire à la iustice implacable, il se destina des l'eternité vne chair humaine; & empruntant la passibilité qu'elle auoit, luy donnant la dignité infinie qu'elle n'auoit pas, il parust en terre au temps ordonné comme la digne Hostie de tous les pecheurs, c'est à dire de tous les hommes.

Là se vit ce spectacle de charité ; vn Fils vniquement agreable qui se mettoit en la place des ennemis : L'innocent, le Iuste, la Sainteté mesme qui se chargeoit des crimes des malfaicteurs : Celuy qui estoit infiniment riche qui se constituoit caution pour les insoluables.

Là Sathan ayant mis la main sur celuy qui ne deuoit rien à la mort parcequ'il estoit sans peché, Dieu rendit ce iugement memorable, par lequel il fut arresté, que le diable pour auoir pris l'innocent, seroit contreint de lascher les pecheurs : Il perdit les coupables qui estoient

I iij

In me non habet quid quam.
Ioannis 14.

à luy, en voulant reduire sous sa puissance Iesvs-Christ le iuste dans lequel il n'y auoit rien qui luy appartint.

De sorte qu'il n'y à plus de condamnation à ceux qui sont en nostre Seigneur, d'autant que par vn seul sacrifice il à payé pour eux au delà de ce que l'on en pouuoit exiger. Non content d'auoir satisfait pour nous, s'estant ouuert les Cieux par son Sang, il est monté à la droite du Pere pour y faire la fonction de nostre Pontife: & non seulement de nostre Pontife, mais encore de nostre Aduocat.

Ie treuue en ceste qualité d'Aduocat vne force particuliere qui releue merueilleusement nostre confiance. Car si l'Ambassadeur negotie, si le Pontife & le Sacrificateur intercede, l'Aduocat presse, sollicite & conuainc: Le Pontife demande misericorde, & l'Aduocat demande Iustice: Le Pontife prie, & l'Aduocat prouue.

Voici l'éloquent plaidoyé de nostre misericordieux Aduocat. O mon Pere que demandez vous aux mortels ? ils estoient vos débiteurs, ie l'auoüe; mais moy qui ne dois rien à vostre Iustice, i'ay rendu toute leur dête mienne, & ie l'ay entierement acquittée. Tous les hommes vous estoient dûs pour estre immolés à vostre iuste & rigoureuse vangeance; mais vne victime de ma dignité, peut elle pas remplir iustement la place mesme d'vne infinité de pecheurs ? Que demande donc vostre Iustice offensée ? Veut elle voir le iuste à ses pieds pour meriter le pardon des coupables ? Ie me suis abbaissé deuant elle iusques à la mort de la Croix; Là il monstre les cicatrices sacrées des bienheureuses blessures qui nous ont gueris, & le Pere se ressouuenant de l'obeissance de ce cher Fils, s'atandrit sur luy, & pour l'amour de luy regarde le genre humain en pitié.

C'est ainsi que plaide nostre Aduocat, concluant par de viues raisons que Dieu ne peut plus condamner les hommes qui rechercheront la grace en son nom. C'est pourquoy l'Apostre S. Iean parle ainsi, *si quelqu'vn peche, nous* 1. Iohn. 2. *auons vn Aduocat prés du Pere, Iesus-Christ le Iuste, & c'est luy qui est propitiation pour nos pechés.*

Nous conuenons donc déja de ces fondemens, que Iesus-Christ s'est donné pour nous; que le Pere ne nous gratifie qu'a cause de luy; Que luy seul pouuoit satisfaire pour nos pechés; & que son oblation volontaire estant d'vne valeur infinie, il à satisfait pour nous surabondamment. Confesser ceste saincte doctrine, estce pas declarer hautement que l'on a toute son esperance en Iesus-Christ seul ? Ainsi nous ne difputons pas touchant le bienfait: Toute noftre controuerfe confifte à fçauoir, de quelle forte il nous eft appliqué par la grace de la Iuftification.

Chap. 2. Diuerfes chofes à confiderer touchant la Iuftification, & premierement qu'elle eft gratuite felon le Concile de Trête.

IL y à trois chofes à confiderer dans la doctrine de la Iuftification : Premierement la Iuftification elle mefme qui eft le fondement de la vie nouuelle ; Apres le progrés de cefte vie dans l'homme iuftifié ; Et enfin fon couronnement dans la vie future.

Si nous monftrons clairement qu'en ces trois eftats la doctrine Catholique ne diminüe point le merite du Mediateur Iefus-Chrift: Au contraire qu'elle le met dans vn plus grand iour, la calomnie de noftre Aduerfaire fera euidemment refutée. Parlons de la iuftification en elle mefme.

Ie ne voi que trois queftions importantes touchant la Iuftification du pecheur ; Premierement pour quel motif Dieu nous iuftifie : 2. ce que c'eft & en quoy elle confifte : & enfin par quel acte de nos volontés cefte grace de la Iuftification nous eft appliquée. Surquoy il eft digne d'obferuation que dans le point principal qui eft le premier, nos Aduerfaires eux mefmes ne dénieront pas que noftre doctrine ne foit irreprehenfible.

Ce qui

Ce qui eſt le plus important en ceſte matiere pour releuer la grace de Ieſus-Chriſt, c'eſt de poſer que le Pere Eternel ne nous pardonne nos pechés qu'acauſe de luy; & c'eſt ce que nous confeſſons de tout noſtre cœur. Certes nous croyons qu'il nous iuſtifie, non parceque nous luy eſtions agreables, mais afin que nous luy ſoyons agreables. Sa grace ne rencontre en nous que des crimes, parce qu'elle vient effacer les crimes. Ce n'eſt pas nous qui le choiſiſſons, mais il nous choiſit: Nous ne l'aimons pas les premiers, c'eſt luy qui commance: Et iamais nous ne le chercherions par la foy, s'il ne nous cherchoit premierement par miſericorde: Sa bonté nous trouuant criminels, elle nous auroit en horreur, ſi elle nous regardoit en nous meſmes; De ſorte que pour ſe pouuoir approcher de nous, il faut qu'elle nous regarde en Ieſus-Chriſt ſeul.

C'eſt pourquoi le Concile de Trente repreſentant les pecheurs effraiés par les iuſtes iugemens de Dieu, veut que le premier ſentiment qui naiſſe en leurs ames, ſoit la confiance au Liberateur; [a] *lors, dit-il, que ſentans qu'ils ſont criminels, de la crainte de la Iuſtice Diuine dont ils ſont vtilement ébranlés, ils ſe retournent à la Diuine miſericorde, & releuent leur eſperance abatüe, ſe fians*

Conc. Trident. ſeſſ. 6. cap. 6.
[a] *Dū peccatores ſe eſſe intelligentes, à diuinâ iuſtitiâ ti-*

74 *Refutation du Catechisme du Sr. Ferry.*

que Dieu leur sera propice à cause de Iesus-Christ. Est-ce là nier ceste confiance au Sauueur, ou n'estce pas plustost la poser comme le fondement immobile de nostre Iustification ?

Et ce S. Concile pour nous apprendre que toute l'esperance de pardon est en Iesus-Christ, definit expressément ᵇ *qu'il faut croire, que les pechés ne se remettent iamais, & n'ont iamais esté remis que par la misericorde Diuine* GRATVITEMENT A CAVSE DE IESVS-CHRIST. Et rapportant les causes de la iustification du pecheur ; *La cause efficiente*, dit-il, *c'est Dieu misericordieux qui nous laue gratuitement & nous sanctifie :* ᶜ *La cause meritoire c'est son trescher Fils Iesus-Christ nostre Seigneur, qui lors que nous estions ennemis, à cause de la charité infinie par laquelle il nous à aimés, nous à merité la iustification, & à satisfait pour nous à son Pere par sa tressaincte Passion au bois de la Croix.* Et encore en termes plus nets, ᵈ *Nous sommes dits iustifiés gratuitement, parce qu'aucune des choses qui precedent la iustification, soit la foy, soient les œuures,*

more quo vtiliter concutiuntur, ad considerandā Dei misericordiam se conuertendo in spē erigun̄tur, fidentes Deum sibi propter Christū propitium fore.

ᵇ *Quāuis autem necessarium sit credere neque remitti neque remissa vm̄quā fuisse peccata nisi gratis diuina misericordia propter Christum. Ibidem cap. 9.*

ᶜ *Efficiens misericors Deus qui gratuitò abluit & sanctificat, meritoria autem dilectissimus vnigenitus suus Dominus noster Iesus Christus, qui cùm essemus inimici propter nimiam charitatem qua dilexit nos, nobis iustificationem meruit & pro nobis Deo Patri satisfecit. Ibidem cap. 7.*

ᵈ *Gratis iustificari ideò dicimur quia nihil eorum quæ iustificationem præcedunt, siue fides siue opera, ipsam iustificationis gratiam promeretur, si enim gratia est, iam non ex operibus : alioquin, vt idem Apostolus inquit, gratia iam non est gratia. Ibidem cap. 8.*

ne peut meriter ceste grace. Que reste-t'il donc au pecheur sinon de s'apuier sur le Iuste? Que reste-t'il à celuy qui est deliuré, sinon de glorifier le Liberateur? Voila ceste session sixiéme qui selon le sentiment du Ministre détruit la pieuse confiance qu'auoient nos Ancestres au seul merite du Fils de Dieu; Estil vne calomnie plus visible?

CErtainement il n'est pas possible d'expliquer la confiance au Liberateur par des maximes plus Euangeliques. Mais entrons plus profondément en ceste matiere, afin que la comparaison de nostre doctrine auec celle de nos Aduersaires fasse voir aux personnes sinceres, que les Ministres ont obscurci les merites de I. C. & peruerti les écritures Diuines: Et afin que ceste verité paroisse en son iour, exposons nettement qu'elle est leur créance.

CHAP. 3. Ce que c'est de la iustification selon les principes des Aduersaires, les fōdemens ruineux de leur doctrine.

Il n'expliquent pas comme nous ce que c'est que la iustification du pecheur. Car ils enseignent qu'elle n'oste pas les pechés, mais qu'elle les couure, & c'est pourquoy iustifier selon eux *c'est declarer iuste, tenir & recognoistre pour iuste*; Sect. 44. Ce sont les paroles de Du Moulin en son Bouclier de la foy. De sorte que la iustification selon ce principe, c'est vne action de Dieu comme iuge, parlaquelle estant satisfait de l'obla-

K ij

tion volontaire de Iesus-Christ, il prononce en nostre faueur, & declare qu'il ne pourfuiura pas la vangeance des crimes dont nous eftions conuaincus.

Delà il s'enfuit manifeftement que la iuftification ainfi expofée ne changeant point l'ame du pecheur, elle n'a rien de plus excellent que ce que nous voyons pratiquer dans les Tribunaux de iuftice. Auffi Du Moulin dit au lieu allegué que *iuftifier c'eft declarer iufte, en mefme fens qu'vn homme accufé d'vn crime eft renuoyé abfous & iuftifié.*

Ibid.

L'Eglife Catholique affure au contraire que Dieu nous iuftifie par noftre Sauueur en détruifant le peché en nous, & en nous communiquant la iuftice; & confequemment que iuftifier c'eft faire que de pecheurs nous deuenions iuftes.

Mais afin que nous comprenions en quoy confifte précifément la difficulté, nous obferuerons en ce lieu, que les Miniftres preffes par les fainctes lettres font contreints de s'approcher de noftre doctrine. Nous difons que Dieu en nous pardonnant nous change interieurement & nous renouuelle. Les Aduerfaires ne le nient pas, & le Sr. Ferry en fon Scholaftique Orthodoxe enfeigne qu'il *à efté neceffaire*

Refutation du Catechisme du Sr. Ferry.

de nous donner vne grace inherente par laquelle no- *Cap. 32.*
stre volonté fust deliurée du peché dans lequel elle
estoit detenüe. Voicy donc quel est le point contesté. Du Moulin & ses collegues condamnent
le Concile de Trente & l'Eglise de ce qu'elle
entent par iustifier, regenerer & sanctifier, & par iu- Bouclier
stification, regeneration ou sanctification. Pour eux ils de la foy.
distinguent icy double grace. L'vne est celle *Sect. 43.*
par laquelle Dieu nous declare iustes, qui n'est
qu'vn acte iudiciaire, à ce qu'ils estiment, qui
ne change pas le pecheur ; mais seulement le
prononce absous ; & c'est ce qu'ils appellent iustification : l'autre grace dit du Moulin, *c'est la* *Ibidem.*
regeneration & renouuellement interieur par le S. *Sect. 29.*
Esprit, lequel changement est vne autre naissance &
vne conformation d'vn nouuel homme fait à l'image
du Fils de Dieu. C'est ce qu'ils disent que l'écriture appelle regeneration & sanctification. Le
Sr. Ferry approuue ceste distinction en son liure du Desespoir de la Tradition chap. 6.

L'Eglise Catholique ne cōprend pas ceste subtilité superflüe ; elle procede plus simplement :
elle recherche les écritures auecque les anciens
Docteurs Orthodoxes, & elle n'y remarque aucune raison sur laquelle ceste distinction puisse
estre fondée. C'est neantmoins tout le sujet du
procez que les Ministres nous font sur ceste matiere.

Auant qu'aprofondir cefte queftion, & qu'établir la verité Catholique par l'authorité des lettres facrées & de l'antiquité Chrétienne, il me femble à propos de confiderer les fondemens principaux de nos Aduerfaires, afinque tout le monde conoiffe combien leur créance eft mal appuyée.

Ils difent que le mot de *iuftifier*, eft pris tres fouuent dans les écritures dans le fens auquel ils l'expofent; ce que nous leurs accordons fans difficulté. Mais qui ne fçait que dans les liures Diuins vn mefme terme n'a pas toufiours vne fignification vniforme, & que le lieu, le fujet & les circonftances y apportent vne difference notable? C'eft par ces circonftances bien examinées que nous leurs monftrerons dans les faintes lettres, que la iuftification du pecheur ne fe prononce pas au dehors, mais qu'elle s'opere au dedans par l'infufion de la grace.

Ils adjouftent que le terme de iuftifier à efté tiré du Palais où il fignifie abfoudre par vn acte iudiciaire; de forte qu'a leur auis il doit retenir fa fignification naturelle: & ils confirment leur raifonnement par l'authorité de l'Apoftre, lequel aux Rom. 5. 8. & ailleurs oppofe le mot de *iuftifier* à celuy *d'accufer* & de *comdamner*, qui font fans difficulté termes de iuftice. C'eft la leur argument le plus fort ; & toutefois il est tres defectueux. Car suppofé mefme qu'il foit veritable, que le mot de *iuſtifier* foit pris du Palais, n'eſt ce pas raiſonner foiblement de croire qu'il faille touſiours le reſtreindre à la ſignification du Palais ? Que ſi nos Aduerſaires s'opiniaſtrent à ne vouloir point ſortir du barreau, qu'ils nous diſent en quel Tribunal & deuant quel iuge il faut s'appliquer par la foy la ſentence qui nous abſout, comm'ils enſeignent qu'il eſt neceſſaire dans la iuſtification du pecheur ? Du moins auoüeront ils en ce lieu, que la comparaiſon du Palais n'eſt pas ſi exacte, qu'il n'y ait des differences notables. Prenons donc vn autre principe & diſons, qu'il n'eſt pas nouueau dans les écritures, que diuerſes façons de parler priſes originairement des choſes humaines, ſoient eleuées à vn ſens plus auguſte lors qu'on les applique aux Diuines. *Vos noms, dit le Sauueur, ſont écrits au Ciel* : c'eſt vne ſimilitude tirée de la couſtume ancienne d'écrire dans les rooles publics ceux à qui l'on donnoit droit de bourgeoiſie. Mais ces noms & ceſte écriture appliquée aux miſteres Diuins paſſe à vne ſignification bien plus eminente, & deſigne l'ordre immuable des decrets de Dieu, par leſquels il nous donne droit dans la ſainte

Luc. 10.

Cité de Ierusalem. Toute l'écriture est pleine de pareils exemples. Nous lisons au liure des Pseaumes, *Dieu à dit, & les choses ont esté faites, il à commandé & elles ont esté creées.* Il seroit ridicule de s'imaginer que Dieu commande premieremét, & apres que ses ordres soient executés comme il se pratique parmy les hommes. Le commandement signifie ici l'action mesme toutepuissante parlaquelle il execute tout ce qu'il luy plaist dans le Ciel & dans la terre. Ne puis-je pas raisonner de la mesme sorte de la iustification du pecheur, & dire que le Pere eternel appaisé par la mort de son Fils vnique, prononce comme il appartient à vn Dieu, comme celuy dont la seule parole met tout l'effet par sa vertu propre: Tellement que l'homme prononce en declarant iuste celuy qui à esté accusé, & Dieu prononce en le faisant iuste. Certes ceste maniere de iustifier est d'autant plus digne de Dieu, qu'elle n'appartient qu'a luy seul parceque c'est vne œuure de Toute-puissance.

Delà il est aisé de conoistre d'ou vient que le mot de *iustifier* selon le stile du S. Apostre est opposé à celuy de *condamner*. Ce n'est pas que Dieu nous iustifiant nous deliure seulement de la dannation, mais c'est qu'en effaçant le mal de la coulpe, il nous exante du mal de la peine.

Voila les

Psal. 184.

Voila les principaux fondemens de la doctrine de nos Aduersaires, desquels certes la foiblesse est toute visible. Mais apres que nous auons découuert l'erreur, proposons la verité Catholique toute pure & toute sincere, telle que le Concile de Trente suiuant les traces des anciens Docteurs la puisée dans les écritures Diuines pour celebrer la gloire de Dieu & les infinis merites du Sauueur des ames. Rendez vous atantif, lecteur Chrétien, à la Theologie la plus Saincte & la plus Celeste, que l'Eglise Catholique nous ait enseignée : C'est ici que nous aprendrons à honorer la dignité du Sang precieux qui nous à reconciliés.

LA foy de l'Eglise consiste en trois points. Premierement elle ne peut croire que nos pechez demeurent en nous apres que nous sommes lauez au Sang de l'Agneau. C'est pourquoy en second lieu elle estime que Dieu nous iustifie par le S. Esprit, selon ce que dit l'Apostre S. Paul, *qu'il nous à sauuez par le lauement de regeneration & renouuellement du S. Esprit, qu'il à répandu sur nous abondamment par I. C.* Elle enseigne que cét Esprit laue nos taches comme vne eau Diuine, & consume nos ordures comme vn feu Celeste ; Et de plus qu'estant la Saincteté mesme, non content de nettoyer nos pechés,

CHAP. 4.
Ce que c'est que la iustification du pecheur selon la doctrine de l'Eglise qui est eclaircie par les escritures.
Tit. 3.

L

il répand en nous la iuſtice. D'où elle conclut enfin en troiſiéme lieu que Dieu iuſtifie les hommes pecheurs en leur rendant le don de iuſtice, comme dit l'Apoſtre, *de meſme que par le peché d'vn ſeul la mort à regné, beaucoup plus ceux qui reçoiuent l'abondance de grace & du don de iuſtice, regneront en la vie par vn ſeul I.C.* Ainſi la iuſtification ſelon nous n'eſt pas ſeulement vn acte de Iuge par lequel Dieu nous renuoie abſous; c'eſt vne action de Createur & de Toutpuiſſant, par laquelle operant en nos cœurs il nous fait agreables à ſa Majeſté, en nous communiquant la iuſtice que ſon Fils noſtre Sauueur nous à meritée.

<small>Rom. 5.</small>

Commanceons à faire entendre ceſte verité par vn principe dont noſtre Aduerſaire conuient auec nous ſans eſtre apperçeu de la conſequence. Il reconoiſt au liure de ſon Deſeſpoir que la grace qui nous iuſtifie laue les pechez, & que *ce lauement c'eſt la iuſtification meſme.* Qu'il recherche donc dans les écritures comme Dieu nous laue, & il verra comm'il iuſtifie.

<small>Deſeſp. de la Tradit. chap. 6.</small>

Ecoutons le Diuin Pſalmiſte dans les gemiſſemens de ſa penitence, *vous me lauerez, dit il, O Seigneur & ie ſeray blanchi par deſſus la neige.* Que ſignifie ceſte celeſte blācheur, ſinon, *l'abondance du don de iuſtice* qui rend nos ames toutes

<small>Pſal. 50. Rom. 5.</small>

éclatantes ; D'ou il resulte clairement que Dieu laue, & en suite, qu'il iustifie par l'infusion de la grace.

Mais expliquons plus amplement par les écritures les trois points que nous auons proposez qui renuersent toute la doctrine de nos Aduersaires : & pour nous acquitter de nostre promesse, monstrons dans la suite du mesme discours ; & la gloire du Fils de Dieu tres bien établie dans la créance que nous professons ; & la temerité de nos Aduersaires qui l'accusent de nouueauté.

Premierement nous disons ainsi. L'action par laquelle Dieu nous iustifie ne peut pas estre simplement vne acte de Iuge. Car le Iuge agissant seulement en iuge, n'oste pas le peché du coupable. Aussi est-ce vn des principes de nos Aduersaires que les pechez demeurent en nous lors mesme que nous sommes iustifiez. Toutefois nous apprenons par les écritures que Dieu oste les pechez en iustifiant. Donc la iustification du pecheur n'est pas seulement vn acte de Iuge. Toute la force de ce raisonnement consiste en ce point, que Dieu en iustifiant oste les pechez, qui est le premier que nous deuons éclaircir.

L'Apostre dit que nous sommes lauez des pechez entant qu'ils ne nous sôt point imputez : & nous sçauons que ce qui ne nous est point imputé ne laisse point d'estre en nous. Ferry De-

Pour entendre solidement ceste verité, ob-

L ij

sess. de la
Trad.
chap. 9.

Que la grace iustifiante ne couure pas seulement les pechez, mais qu'elle les oste.

seruons que la remission des pechés est l'vn des premiers articles de l'alliance que Dieu à contractée auec nous par nostre Seigneur Iesus-C. C'est pourquoy l'écriture Diuine nous exprime ceste grace en plusieurs façons afin qu'elle entre en nos cœurs plus profondément. Elle dit que Dieu oublie les pechez, qu'il ne les impute point, qu'il les couure ; elle dit aussi qu'il les laue & qu'il les efface, qu'il les éloigne de nous & qu'il les détruit. Et encore que toutes ces façons de parler nous expriment la remission des pechez, les vnes signifient ce bienfait plus parfaitement que les autres ; tellement que pour en comprendre toute l'étandüe, il faut necessairement le considerer dans tous les passages conferés ensemble, & non pas en chacun d'eux pris separément.

Ce principe si certain, si indubitable découure le mauuais procedé de nos Aduersaires. Car d'autant qu'ils voient en quelques endroits que la remission nous est proposée en ce que nos pechez sont couuerts, & ne nous sont pas imputés, ils s'arrestent à ceste seule façō de parler, à laquelle il falloit joindre les autres pour auoir la definition toute entiere. Que s'ils les auoient bien examinées, au lieu de quelques passages de l'écriture qui disent que nos pechez

font couuerts, ils auroient trouué les liures sacrez pleins de textes qui témoignent qu'ils ne
font plus. Ils auroient entédu Dauid qui publie, *Psa. 102.*
qu'autant que le leuant est loin du couchant autant
Dieu éloigne de nous nos iniquitez : Le Prophete
Michée leur auroit appris que *Dieu iette nos pe-* *Cap. 7.*
chez au fond de la mer; Ils auroient oüi la voix *vers. 19.*
de Dieu mesme parlant en son Prophete Esaïe,
c'est moy, c'est moy, dit-il, qui efface les pechez à cau- *Cap. 43.*
se de moy : Le Psalmiste les auroit encore assu- *vers. 25.*
rés, *que si Dieu le laue, il sera blanchi comme neige* : *Psal. 50.*
Enfin tout le nouueau Testament leur auroit
presché, que *nos pechez sont lauez au Sang de l'A-* *Apocalyp.*
gneau. Certes nous ne pouuons pas faire ceste *ca. 1. v. 5.*
iniure à Dieu que de croire que ce qu'il éloi-
gne demeure; que ce qu'il efface, soit encore
en nous ; que les ordures qu'il laue ne soient
point ostées. Et en effet lauer vne ordure ce
n'est point la couurir, mais la nettoyer : D'autant plus que Dieu y employe non le sang des
Taureaux & des Boucs, mais le Sang innocent
de son propre Fils, lequel estant infiniment pur
nettoye nostre conscience des œuures de mort, comme *Heb. 9.*
l'Apostre S. Paul l'enseigne aux Hebreux. Ainsi *vers. 14.*
qui pesera bien ces passages, il dira que selon
la saincte écriture, Dieu pardonne les pechez
en les détruisant ; qu'il ne les impute point par-

L iij

ce qu'il les laue; qu'il les couure, à cause qu'en les effaçant il fait qu'ils ne paroissent plus à sa veüe, c'est à dire qu'ils ne sont plus.

Sentimēt de S. Augustin sur ceste matiere, & que la cōuoitise n'est poit peché dās les baptisez.

De la vient que S. Augustin répondant aux Pelagiens, qui luy objectoient que le Baptesme selon sa doctrine *ne donnoit pas la remission de tous les pechez, & qu'il ne les ostoit pas, mais qu'il les rasoit, comme on rase les cheueux*, disoient ils, *dont la racine demeure en la teste*; soustient ᵃ *qu'il n'y à que les infideles qui osent asseurer vne telle chose, & nier que le Baptesme* OSTE LES PECHES. Et encore qu'il soit celuy de tous les Docteurs qui à sans doute le mieux entendu les langueurs & les maladies de nostre nature, en suite du principe qu'il à posé que la grace du Baptesme oste les pechez, il parle ainsi de la conuoitise, combatant d'vne mesme force les heretiques Pelagiens & les Caluinistes; ᵇ *Bien qu'elle soit nommée peché, ce n'est pas*, dit il, QVELLE SOIT PECHE'; *mais elle est ainsi appellée parcequ'elle est faite par le peché, comme en voyant l'écriture d'vn homme, on l'appelle souuent sa main, parceque c'est la main qui l'a faite.* Et ce grand homme passe si auant, qu'il ne veut pas mesme que la conuoitise ᶜ soit au nombre de ces pechez pour lesquels nous disons tous les iours, *remettez nous nos debtes*. Ce qui monstre combien il est conuaincu que la grace

ᵃ *Quis hoc aduersus Pelagianos nisi infidelis affirmet? Dicimus enī baptismq dare omniū indulgentiam peccatorū, & auferre criminanō radere.* Cont. duas Epi. Pelag lib. I. cap. 13.
ᵇ *Etiamsi vocatur peccatum*

iustifiante oste les pechez. Car cest en conse- *nō vtique*
quence de ceste doctrine qu'il enseigne positi- *quia pecca-*
uement que la conuoitise n'est pas vn peché *tum est,*
dans les baptisez, parceque si elle estoit vn pe- *sed quia*
ché en eux, il s'ensuiuroit que les pechez ne *peccato fa-*
sont point ostez, puisque la conuoitise demeu- *cta est sic vocatur;*
re. Il me seroit aisé de produire beaucoup d'au- *sicut scrip-*
tres passages de S. Augustin non moins formels *tura cuius-*
ny moins decisifs: Mais celuicy doit suffire aux *que manus dicitur*
pieux Lecteurs; D'autant plus que le Sr. Ferry *quia man*
au chap. 1. de son Desespoir, bien qu'il com- *eam fecit. ibid.*
batte nostre créance par l'authorité de S. Au- c *Nec prop-*
gustin, ne laisse pas neantmoins de dire que *ter ipsā di-*
selon la doctrine de ce grand homme, *la con-* *cūt in ora-*
uoitise n'est plus apres le Baptesme, quant à la coulpe, *tione bap-*
quant à la condamnation, à l'imputation, mais qu'elle *tizati, di-*
est en effet. D'ou il s'ensuit manifestement, que la *mitte no-*
conuoitise n'ayant plus de coulpe, elle n'a plus *bis. &c.*
aussi de peché, parceque le peché comme cha- *Ibidem.*
cun sçait consiste essentiellement en la coulpe.

IE sçay que nos Aduersaires seront étonnez, CHAP. 5.
de ce que l'Eglise Catholique enseigne que Que les
Dieu oste nos pechez quand il iustifie, puis- pechez
qu'elle confesse d'ailleurs qu'il n'y à aucun hô- sont dé-
me viuant qui ne soit pecheur: Ils trouuent de truits dās
la contrarieté dans ceste doctrine; Mais c'est les iustes
bien qu'il
n'y ait

point de iustes qui ne soient pecheurs. icy qu'il faut leur faire paroiſtre l'admirable œconomie de la grace par laquelle nous ſommes iuſtifiez.

Il y à dans les ſainctes lettres vne diſtinction de pechez tres conſiderable qu'il eſt neceſſaire que nous remarquions.

1. Ioan. 1. verſ. 8. Le Diſciple bien-aymé preſche, *ſi quelqu'vn dit qu'il ne peche pas il ſe trompe, & la verité n'eſt pas en luy.* Par conſequent il y à des pechez dans leſquels peuuent tomber les plus iuſtes, & qui ne nous ſeparent pas d'auec Dieu.

Mais d'autre part l'Apoſtre S. Paul parle de certains pechez capitaux dont il prononce la condamnation en ces termes; *ceux qui les feront, nous dit-il, ne poſſederont pas le Royaume de Dieu.* Il y à donc de certains pechez qui rompent noſtre vnion auec Dieu, & nous ferment l'entrée du Ciel.

Corint. 6. ver. 9.

Que les pechez de ce dernier genre ſoient entierement effacez dans l'ame des Iuſtes, l'Apoſtre le decide ſans aucun doute. Car apres auoir fait le dénombrement de ceux qui n'ont point de part auec Dieu, des voleurs, des iniuſtes, des impudiques, des yurongnes, des médiſans & des autres, il adjouſte incontinent ces paroles qu'il adreſſe aux fideles Corinthiens. *Quelques vns de vous, dit il, ont eſté ces choſes, mais vous auez*

Ibidem ver. 11.

vous aués esté laués, mais vous auez esté sanctifiez, mais vous auez esté iustifiés au nom du Seigneur Iesus-Christ & par l'esprit de nostre Dieu. Certes lors que S. Paul parle de la sorte, c'est de mesme que s'il disoit, vous aués esté ces choses, mais maintenant vous n'estes plus tels. Ou ie demande à nos Aduersaires, estce que Dieu ne les repute pas tels, ou bien qu'effectiuement ils ne sont pas tels? Mais l'Apostre en disant, vous l'aués esté, fait entendre assez clairement qu'ils ne le sont plus. Et d'où vient qu'ils ne le sont plus? vous aués esté laués, poursuit-il, vous aués esté sanctifiés, *Ibidem.* vous aués esté iustifiés. Donc lauer, sanctifier & iustifier, ce n'est pas declarer seulement que Dieu ne nous impute plus ce que nous estions; c'est faire que nous ne sommes plus ce que nous estions: Ce n'est pas prononcer seulement que nous ne serons pas condamnés pour les crimes dont nostre conscience est soüillée; c'est faire que nostre conscience n'en soit plus soüillée: Ce n'est pas seulement nous reputer nets, nous reputer saincts, nous reputer iustes; c'est nous faire nets, nous faire saincts & nous faire iustes.

Il est donc vray ce que dit l'Apostre, que les iniustes, les homicides & les adulteres n'entrết pas au Royaume de Dieu. Ce n'est pas que

M

nous ne sçachions que plusieurs y entrent qui auoient esté homicides ; Mais ils n'y entrent pas homicides. Ils ont esté lauez, dit l'Apostre, ils ont esté sanctifiez & iustifiez. Leur iniustice ne se trouue plus parce qu'elle à esté effacée par vn esprit infiniment sainct & par vn Sang infiniment pur.

Des pechez veniels.

Voila ce que nous croions de ces grands pechez qui ne peuuent estre commis par les iustes sans leur faire perdre ceste qualité. Pour les autres pechez dont il est écrit, *si quelqu'vn dit qu'il ne peche pas, il se trompe*, qui sont ceux que nous appellons veniels ; il est vray que l'homme iuste en fait tous les iours : Mais il n'est pas moins veritable qu'il peut en estre purgé tous les iours. Il à de ces pechés, ie ne le nie pas ; mais il à aussi le Sang du Sauueur, il à les Sacremens de l'Eglise & le S. Esprit qui les laue. Il à les gemissemens de la penitence, & le sacrifice de cœur contrit, & le remede des aumosnes, & la foy viuante par laquelle Dieu purifie les cœurs comme dit l'Apostre S. Paul. C'est ce qu'enseigne admirablement le grand S. Augustin dans ceste sçauante epistre à Hilaire. *Celuy*, dit-il, *qui estant aidé par la Diuine misericorde s'abstiendra de ces pechés qu'on appelle crimes ; & qui ne negligera pas de purger les autres sans*

1. Ioan. 1.

Qui misericordiâ Dei adiutus & gra-

Refutation du Catechisme du Sr. Ferry. 91

lesquels on ne vit pas en ce monde, par des œuvres de miséricorde & par des Sainctes prieres : encore qu'il ne viue pas ici sans peché, IL MERITERA D'EN SORTIR SANS AVCVN PECHÉ; Parceque, adjouste ce grand Docteur, *comme sa vie n'est pas sans peché, aussi les remedes pour les nettoyer, ne luy manquent pas.* Doctrine vraiment saincte, vraiment salutaire, qui honore la grace, & confesse l'infirmité. Quiconque croit ainsi auoüe ses pechés, & ne laisse pas de conoistre que Dieu les efface ; luy mesme touché de son S. Esprit il les laue par vn Baptesme de larmes pieuses; Il ne presume point de ses propres forces, mais il remercie humblement celui dont la vertu oste de nos ames les taches que nous y faisons par nos volontés déreiglées.

De là il s'ensuit manifestement, que la grace qui nous iustifie laue nos pechés, qu'elle les efface & qu'elle les oste. Or ce n'est pas la fonction d'vn Iuge de lauer & d'oster les pechés, mais seulement d'absoudre le criminel ; De sorte que c'est vne pure imagination de croire que la iustification du pecheur soit plutost vn acte de Iuge qui exempte du mal de la peine, qu'vne action d'vn Createur infiniment sainct qui efface le mal de la coulpe.

C'est pourquoy le second point de nostre

tiā, ab eis peccatis abstinuerit quæ etiam crimina vocantur, atque illa peccata à sine quibus nō hic viuitur mūdare operibus misericordiæ & pijs orationibus non neglexerit, merebitur hic exire sine peccato, quamuis cū hic vixeret habuerit nonnulla peccata : quia sicut ista non desuerunt, ita remedia quibᵒ purgarentur affuerunt. August. ep. 89.

M ij

créance selon que nous l'auons rapportée, c'est que Dieu nous iustifie non en prononçant, mais en répandant sur nous son Esprit : Ce qui monstre clairement qu'il nous iustifie d'vne maniere infiniment differente de celle dont on vse dans les Tribunaux. Aussi les Ministres ont esté contreints de nier que la iustification des pecheurs soit attribuée au S. Esprit dans les écritures. Erreur grossiere & extrauagante que Du Moulin enseigne en plusieurs endroits de son Bouclier de la foy. Mais l'Apostre S. Paul s'y oppose écriuant ainsi aux Corinthiens ; *Vous auez esté lauez, vous auez esté sanctifiez, vous auez esté* IVSTIFIEZ *au nom de nostre Seigneur Iesus Christ,* & EN L'ESPRIT DE NOSTRE DIEV. Pouuoit-il parler en termes plus clairs ? Et encore instruisant son disciple Tite, *quand*, dit il, *la benignité de Dieu nostre Sauueur nous est apparüe, elle nous à sauuez, non par les œuures de iustice que nous auons faites, mais selon sa misericorde, par le lauement de regeneration* & *renouuellement du S. Esprit, qu'il à répandu sur nous abondamment par Iesus Christ nostre Sauueur.* Ie demande à nos Aduersaires, dequoy nous sauue selon l'Apostre le S. Esprit répandu sur nous ? N'estce pas des pechez qui nous opprimoient ? Par consequent il nous iustifie puis qu'il nous sauue de nos pechez. Et

Sus. ch. 4.

Du Moulin, Bouclier de la foy, sect. 33. 61. & ailleurs.

1. Corinth. 6.

Tit. 3.

Refutation du Catechisme du Sr. Ferry. 93

de là vient que l'Apoſtre pourſuit en ces mots, *afin que iuſtifiez par ſa grace nous ſoyons heritiers ſelon la promeſſe de vie eternelle.* S. Paul diſtinguoit-il comme les Miniſtres la grace qui nous regenere d'auec celle qui nous iuſtifie? Mais pouuoit-il dire plus expreſſément que nous ſommes iuſtifiez par le S. Eſprit; & ainſi que la iuſtification du pecheur n'eſt pas vne ſentence au dehors, mais vne action au dedans? Ou ſont les yeux de nos Aduerſaires s'ils ne voyent pas encore ceſte verité?

Dè là naiſt vne autre raiſon admirable qui prouue le troiſiéme point de noſtre créance, c'eſt à dire que la iuſtification du pecheur n'eſt pas ſeulement vn acte de iuge qui prononce & renuoye abſous; mais vne action de Createur & de Tout-puiſſant qui regenere & qui renouuelle. Ce qui renuerſera par les fondemens la vaine imagination des Miniſtres qui diſtinguent mal à propos la grace qui nous regenere d'auec celle qui nous iuſtifie.

CHAP. 6. Que no⁹ ſommes iuſtifiez par l'infuſion du don de iuſtice qui nous regenere en N. S. belle doctrine de l'Apoſtre tres bien entenduë par S. Auguſtin.

C'eſt icy que nous deuons expliquer quelle eſt ceſte iuſtice que Dieu fait en nous quand il nous iuſtifie en noſtre Seigneur, & ie ne voi rien de plus excellent pour le faire entendre que ceſte belle comparaiſon de l'Apoſtre aux Romains chap. 5. par laquelle ce grand Docteur

M iij

des Gentils nous monstre que Iesus Christ nous est pour le bien, ce qu'Adam nous à esté pour le mal.

Si nous sçauons bien comprendre ceste ressemblance, ou plutost ceste opposition merueilleuse entre le Fils de Dieu & Adam, nous trouuerons qu'il n'y à rien de plus acheué. En Adam il y à le peché, en Iesus-Christ la iustice parfaite; la rebellion en Adam, l'obeissance en nostre Seigneur; En Adam la concupiscence, en Iesus la plenitude du S. Esprit: En naissant d'Adam par la conuoitise nous contractons vn peché veritable qui est actuellement en nos ames; renaissans en I. C. par l'esprit de Dieu nous receuons vne veritable iustice qui n'est pas en nous moins reellement: Si bien que la generation nous faisant pecheurs, la regeneration nous fait iustes; Et de mesme qu'il seroit ridicule de vouloir distinguer l'action par laquelle nous sommes faits pecheurs en Adam, de celle par laquelle nous naissons de luy; il n'est pas moins eloigné de la verité de croire que ce n'est pas la mesme action par laquelle Dieu nous regenere & nous iustifie en son Fils: Et puisque nous contractons le peché par le malheur de nostre premiere naissance, il faut que la seconde nous en deliure: C'est elle par confequent qui remet les crimes, c'eſt elle qui nous iuſtifie en noſtre Seigneur : Et ainſi par ceſte doctrine toute Apoſtolique la vaine diſtinction des Miniſtres s'en va en fumée.

Auſſi l'Apoſtre S. Paul monſtre bien que la iuſtification du pecheur n'eſt pas ſeulement vn acte de Iuge par lequel Dieu declare qu'il nous tient pour iuſtes; mais que c'eſt vne action veritable par laquelle Dieu nous fait iuſtes. Car pourſuiuant touſiours ſon deſſein d'oppoſer le ſecond Adam au premier, *de meſme*, dit-il, *que par la deſobeiſſance d'vn ſeul pluſieurs ont eſté conſtituez pecheurs, auſſi par l'obeiſſance d'vn ſeul pluſieurs ſeront conſtituez iuſtes.* Rom. 5. Qu'eſt-ce à dire conſtituez pecheurs & conſtituez iuſtes, ſinon faits pecheurs & faits iuſtes? Où ſe tourneront ici les Miniſtres auec leurs rafinemens inutiles? Certes c'eſt de la iuſtification que l'Apoſtre parle; & il dit manifeſtement qu'elle nous fait iuſtes. Peut-eſtre répondront ils qu'elle nous fait iuſtes, non point par vne iuſtice qui ſoit en nous, mais par la iuſtice de Ieſus-Chriſt qui nous eſt miſericordieuſement imputée. Ce n'eſt pas ainſi, dit l'Apoſtre, *Pluſieurs ſont conſtituez iuſtes comme pluſieurs ont eſté conſtituez pecheurs.* Maintenant que nos Aduerſaires nous diſent ſi nous ne ſommes pas pecheurs en Adam, à cause que naissans de luy nous contractons vn peché veritable par la tache originelle inherente en nous? Donc c'est s'aueugler volontairement, & s'obstiner contre la raison euidente de ne voir pas que l'Apostre S. Paul veut nous faire entédre en ce lieu que nous sommes faits iustes en nostre Seigneur, non seulement parceque sa iustice nous est imputée, mais parceque par le S. Esprit qui nous est donné nous receuons vne veritable iustice inherente reellement en nos ames.

Sentimés de S. Augustin.
a *In damnatione hominē prima natiuitas tenet, vnde nisi secunda nō liberat. Aug. lib. 2. de pecc. orig. cap. 40.*
b *Regeneratione modò fit vt peccata omnia preterita remittantur id. ibid. cap. 39.*

De là vient que S. Augustin qui à si bien penetré le sens de l'Apostre, enseigne constamment la mesme doctrine que nous auons ici expliquée. a *La premiere natiuité*, nous dit-il, *tient l'homme dans la damnation, & il n'y a que la seconde qui l'en exante*. Et ailleurs, b *par la regeneration tous les pechez passez sont remis*. Si par ceste regeneration tous nos pechez passez sont remis, si c'est elle qui nous exante de la damnation, il est clair que c'est elle qui nous iustifie. Ce grand homme parle tousiours de la mesme sorte; & il me seroit aisé de produire vne infinité de passages. Sans doute il n'a pas esté assés clairuoyant pour voir ceste distinction raffinée de nos Theologiens reformez entre la grace qui nous regenere & celle qui nous iustifie de nos crimes.

Refutation du Catechisme du Sr. Ferry, 97

nos crimes.

C'est pourquoy en son Epistre 23. il décrit la regeneration par ces belles paroles ; ᵃ *l'esprit operant interieurement le bien fait de la grace, deliant le lien de la coulpe, reconciliant le bien de la nature regenere l'homme en Iesus-Christ.* Vous voyez que le mesme bienfait de la regeneration comprent tout ensemble, la remission des pechez, l'operation de l'esprit de Dieu, auecque l'infusion de la grace. C'est aussi ceste infusion de la grace que S. Augustin appelle iustification. Car au liure 1. des merites & de la remission des pechez, apres qu'il à enseigné au chap. 9. que ᵇ *Dieu donne aux fideles vne grace tres occulte de son esprit qu'il communique mesme aux petits enfans par vne infusion secrette* ; il dit au chapitre suiuant ᶜ *que ceux qui croyent en Iesus-Christ* SONT IVSTIFIEZ EN LVY A CAVSE DE LA COMMVNICATION ET INSPIRATION SECRETTE DE LA GRACE SPIRITVELLE. D'ou il s'ensuit non seulement qu'il se fait en nous vne infusion secrette de grace, mais encore que c'est par elle que la iustification s'opere en nos cœurs. C'est ainsi que parloit l'Eglise ancienne ; mais la nouueauté des reformateurs à voulu paroistre plus éclairée que la sage antiquité Chrétienne.

Pour nous, demeurons tousiours dans les

ᵃ *Spiritus operans intrinsecùs beneficium gratię, soluens vinculum culpæ, reconcilians bonum naturæ, regenerat hominē Aug. epist. 23.*

ᵇ *Dat etiā sui Spiritꝰ occultissimam fidelibus gratiam quam latenter infundit & paruulis. lib. 1. de pecc. mer. cap. 9.*

ᶜ *Legimus in Christo iustificari qui credūt in eum propter occultam cōmunicationem & inspirationem gratię spiritualis. ibid. c. 10.*

N

bornes de la saincte simplicité de nos Peres: disons auec eux selon l'écriture, que la iustification du pecheur n'est pas tant vn acte de iuge, qu'vne action de Createur Tout-puissant qui renouuelle l'interieur: Disons que la grace qui nous iustifie estant vne grace regenerante, elle remet en mesme temps les pechez & nous enrichit du don de iustice: disons enfin que ceste grace iustifiante oste les pechez en les pardonnant parce qu'elle les nettoye par le S. Esprit qui purge toutes les ordures par sa presence: C'est la foy des Saincts Docteurs de l'antiquité, c'est la créance perpetuelle de toute l'Eglise.

CHAP. 7. Reflexiõ sur la doctrine precedente; qu'elle releue la gloire de I. C. & que nos Aduersaires la diminuent.

CEste belle, ceste celeste doctrine nous est d'autant plus agreable, qu'elle releue merueilleusement la gloire de nostre Seigneur Iesus-Christ, le prix & l'efficace de sa Passion, la force & la vertu de son Esprit Sainct, & la grandeur de sa charité dans la reparation de nostre nature. Car au lieu que nos Aduersaires enseignent que nos pechez ne nous sont pas imputez, c'est à dire que Dieu ne les punit pas à cause du merite de Iesus-Christ; nous disons que nos pechez ne sont plus à cause du merite de Iesus-Christ. Ils disent que ce merite est si grand qu'il suffit pour couurir nos crimes; nous disons qu'il suffit mesme pour oster nos crimes. Ils disent que la iustice du Fils de Dieu merite que les fideles soient tenus pour iustes, nous disons qu'elle leur merite mesme d'estre iustes. Si nous errons en ceste creance, nostre erreur vient de nostre amour ; nostre faute c'est que nous auons vne idée plus haute de la saincte Passion de nostre Sauueur ; mais à Dieu ne plaise que ce soit errer que de glorifier I. C.

Que si nos Aduersaires estiment que nous voulons auoir la iustice en nous afin de nous glorifier en nous mesmes, ils se trompent, ils s'abusent, ils nous calomnient. Ce n'est pas nous glorifier en nous mesmes que de confesser qu'on nous donne : Dire que le bienfait est plus grand, ce n'est pas diminuer l'obligation, mais honorer la munificence. L'Apostre nous aprent que *la charité à esté répanduë en nos cœurs*: Rom. 5. C'est en nous sans doute qu'elle est, puisque c'est en nos cœurs qu'elle est répanduë. Toutefois à Dieu ne plaise que nous pretendions nous glorifier en nous mesmes d'vn don si grand & si precieux ; parceque, dit le mesme Apostre, *elle est repanduë en nous par le S. Esprit*. Il en est de mesme de ceste iustice que nous appellons inherente. Elle est à l'homme qui la reçoit ; elle est encore plus à Dieu qui la donne. *Ceste*

Ideò Dei & Christi dicitur quia eius nobis largitate donatur. De spir. & lit. cap. 9. iustice est nostre, dit S. Augustin, *mais elle est appellée dans les écritures iustice de Dieu & de I. C. parce qu'elle nous est donnée par sa largesse.* Ainsi l'homme qui se glorifie se doit glorifier en nostre Seigneur, puisque n'ayant rien de luy mesme, toute sa gloire consiste en ce qu'il reçoit, & la gloire de celuy qui reçoit se doit toute rapporter à celuy qui donne. Est-il rien de plus respectueux ny de plus modeste? & quelle est la mauuaise foy de nos Aduersaires? Ils peruertissent les écritures, ils méprisent l'antiquité, ils rabaissent la gloire du Sauueur des ames: Nous nous joignons à l'ancienne Eglise pour expliquer par les oracles Diuins vne doctrine toute Celeste, & infiniment glorieuse au Fils de Dieu nostre Redempteur; & ils ne cessent de nous reprocher que nous enseignons à nos peuples à se confier en autre qu'en luy, & que nous nous attribuons à nous mesmes ce que nous ne deuons qu'à sa seule grace? Ou est l'esprit de la charité dans ces iniustes accusations & dans ces calomnies si visibles?

CHAP. 8. De la iustificatiō par la foy. APres que nous auons expliqué par quel motif Dieu nous iustifie, & ce que c'est que la iustification du pecheur, il faut considerer maintenant selon que nous auons pro-

posé par quelle action de nos ames ceste gra- *Suf. ch. 2.*
ce nous est appliquée. Toute la controuerse *pa. 72.*
en ceste matiere se reduit à mon auis à sçauoir,
ce que c'est que la iustification par la foy, &
de quelle sorte la foy iustifie.

Nos Aduersaires enseignent qu'elle iustifie,
parceque de toutes les choses qui sont en nous,
il n'y a que la seule foy qui concoure à nostre
iustification. Mais ils ne peuuent disconuenir,
que pour estre iustifié il ne soit necessaire de
ioindre à la foy, & l'eau salutaire de la peniten-
ce, & le feu celeste de la charité sans laquelle la
foy est morte. Et c'est pourquoy le grand Car- Traité
dinal de Richelieu leur monstre par des raisons pour con-
euidentes que le procés qu'ils nous intentent *liu. 3. c. 4.*
est fondé sur vne chicane inutile.

Mais afin qu'ils voyent manifestement que
nous établissons par les vrais principes la iusti-
fication par la foy, representons leur la doctri-
ne du sacré Concile de Trente, & apres expli-
quons celle de S. Paul sous la conduite de S.
Augustin qui a si bien penetré le sens de l'A-
postre, particulierement en ce docte liure de
l'esprit & de la lettre où il traite excellemment
ceste question.

Le Concile de Trente enseigne, que *nous* *Per fidem*
sommes dits iustifiez par la foy, parceque la foy *iustificari dicimur,*

quia fides est humanæ salutis initiū fundamentū ex radix omnis iustificationis. Conc. Triden. sess. 6. cap. 8.

est le commancement du salut, le fondement & la racine de toute iustification. Il dit qu'elle est le commancement, parce que Dieu voulant nous sauuer nous propose premierement celuy qui nous sauue, c'est à dire son Fils vnique. Elle est encore le fondement parce qu'elle soutient par sa fermeté ce grand edifice de la iustification du pecheur qui n'est appuié que sur elle. Enfin elle en est aussi la racine, parce qu'elle répand sa vertu par tout, & qu'elle est comme le principe & la source de tous les autres dons qui nous iustifient. Ainsi toute nostre creance est comprise en ceste seule proposition qui est tirée de Sainct Augustin, que nous sommes dits iustifiez par la foy, parceque plusieurs choses estans necessaires pour la iustification du pecheur, la foy est posée la premiere afin de nous impetrer tout le reste. C'est ainsi que nous enseignons tres solidement la iustification par la foy.

De præd. Sanc. c. 7.

Mais entrons profondément au sens de l'Apostre, & pour entendre les veritables raisons pour lesquelles il attribüe la iustification à la foy dans la diuine Epistre aux Romains & dans le reste de ses écrits, proposons quelques autres textes de ce grand Docteur qui nous ouuriront l'intelligence infaillible de ceux que nous auons à traiter.

 Certes le mesme Apostre qui dit que nous sommes iustifiés par la foy dit aussi que nous sommes sauués par la foy. *Si tu confesses*, dit-il, *en ta bouche le Seigneur Iesus, & que tu croies en ton cœur que Dieu l'a resuscité des morts, tu seras sauué.* *Rom. 10. v. 9.* Est-ce à dire que nous soions sauués par la seule foy sans y comprendre les autres vertus ? Si cela estoit de la sorte, que deuiendroit la sentence du Iuge qui appellant les bien-aimés de son Pere, témoigne en des paroles si claires, que c'est leur charité qu'il couronne ? *Venés*, *Matt. 25. ver. 34.* dit il, *parce que i'ay eu faim & vous m'aués donné à manger.* Nous ne sommes donc pas sauuez par la seule foy ; nous le sommes encore par la charité.

 D'auantage le mesme S. Paul enseigne écriuant aux Ephesiens que IESVS-CHRIST *habite en nous par la foy.* *Eph. 3. ver. 17.* Ce n'est pas pour exclure la charité, le bien-aimé Disciple disant que *celuy qui est en charité, est en Dieu, & Dieu en luy.* *1. Ioan. 4. Rom. 1. v. 17.* Mais voici encore vn troisiéme exemple qui tranchera la difficulté iusqu'au fonds. S. Paul cite en diuers endroits ce passage du Prophete Abacuc, *Le iuste vit par la foy.* *Heb. 10. ver. 38. Habac. 2. ver. 5.* Considerons d'vn esprit non preoccupé si le iuste vit tellement par la seule foy, qu'il ne viue point par les autres vertus, specialement par la charité.

Noſtre Seigneur IESVS nous aſſure nettement le contraire. *Si tu veux*, dit-il, *entrer à la vie, garde les commandemens*; Et lors que ce Docteur de la Loy luy recita le precepte de la charité, *fais cecy & tu viuras*, luy dit-il; Et le bien-aimé Diſciple prononce, que *celuy qui n'aime pas demeure en la mort*. Il eſt aiſé de iuſtifier par les écritures que la charité eſt la vie de l'ame parceque c'eſt par elle que nous mourons au peché & viuons à Dieu auec noſtre Seigneur IESVS-CHRIST.

<small>Matt. 19. ver. 17.</small>

<small>Luc 10 v. 28.</small>

<small>1. Ioan. 3. ver. 14.</small>

D'où vient donc que S. Paul determine que le iuſte vit de la foy? C'eſt à cauſe que la foy nous monſtre la vie, en Ieſus-Chriſt, en ſa mort, en ſon Euangile, en ſes paroles viuifiantes. Ainſi la foy eſt le principe de vie, elle eſt elle meſme la vie commancée; & de plus elle eſt le germe Diuin par lequel nous croiſſons à la vie parfaite en noſtre Seigneur I. C. De là vient que l'Apoſtre S. Paul attribüe la vie à la foy.

Nous diſons que c'eſt pour la meſme raiſon qu'il luy attribüe auſſi le ſalut, parce qu'elle en eſt le principe: Et c'eſt encore pour la meſme cauſe qu'il enſeigne que la foy iuſtifie, parce qu'elle eſt le commancement de noſtre iuſtice, & qu'elle eſt la ſource des autres dons par leſquels elle quels elle est acheuée.

Toutefois il y à quelque chose de plus releué dans la doctrine du S. Apostre, & quand nous l'aurons penetré, nous entendrons les raisons solides pour lesquelles definissant la iustice Chrétienne en la sçauante Epistre aux Romains il l'appelle la iustice qui est par la foy. *Doctrine admirable de l'Apostre.*

Il faut sçauoir qu'en ceste Epistre admirable S. Paul distingue deux sortes de iustices. L'vne est la iustice qui est par la loy, qui est celle dont les Iuifs se glorifioient, & que l'Apostre entreprent de combatre : L'autre c'est la iustice qui est par la foy qui est la vraie iustice Chrétienne que l'Apostre veut établir, & qu'il oppose à la fausse iustice des Iuifs. *Deux sortes de iustices.*

Mais d'où vient dirés vous que S. Paul la qualifie iustice de la foy ? En voicy la veritable raison. On definit les choses par leurs propres differences ; Or il est sans doute que c'est la foy qui met la veritable difference entre ceste iustice Iudaïque contre laquelle l'Apostre dispute, & la iustice Chrétienne qu'il établit. Faisons voir clairement ceste difference par les principes du Docteur des Gentils. *La foy met la difference entre la veritable iustice & la fausse.*

Il definit doctement la iustice qui vient de la Loy par ce texte du Leuitique, *qui fera ces choses viura par elles*. Moyse à écrit, dit l'Apostre, de *La iustice de la Loy c'est celle qui ne re-*

O

la iustice qui est par la Loy, que qui la fera viura par elle. Ces paroles nous font entendre en quoy consiste precisément la iustice qui est par la loy. Car elles monstrent manifestement que le propre de la Loy estant de commander, celuy qui veut estre iuste selon la Loy ne regarde qu'à l'action commandée ; il ne songe simplement qu'à faire & à viure.

<small>garde que les œuures.
Leuit. 18. ver. 5.
Rom. 10. ver. 5.</small>

Encore que ceste iustice soit specieuse, l'Apostre la combat par plusieurs raisons par lesquelles il prouue inuinciblement, que si elle à quelque gloire deuant les hommes, elle n'est point receüe deuant Dieu.

<small>Deux raisons de l'Apostre côtre ceste iustice</small>

Premierement ce n'est pas assés de regarder ce qu'il faut faire, si on ne considere ce qu'il faut purger. Car tous les hommes generalemét sont pecheurs. C'est donc vne fausse iustice si nous contemplons seulement les vertus qu'il faut acquerir, & que nous laissions sans remede les pechés qu'il faut nettoyer. Que si pour estre iuste veritablement il faut penser auant toutes choses à purger les crimes, l'interuention de la foy y est necessaire ; d'autant que la Loy ne les oste pas, mais plutost, dit l'Apostre, elle les condamne. Ainsi tant qu'on est sous la Loy, on est dans la dannation selon sa doctrine. Par consequent il faut que la foy nous monstre

<small>1. Raison.</small>

IESVS-CHRIST le grand propitiateur qui expie les pechés par son Sang.

C'est la premiere raison de l'Apostre contre la fausse iustice des Iuifs qui esperoient seulement aux œuures, & cét excellent Docteur l'explique en ces mots ; *Tous ont peché & ont besoin de la gloire de Dieu estans iustifiés gratuitement par sa grace par la redemption qui est en I. C. que Dieu à ordonné propitiateur par la foy.* Rom. 3. ver. 23.

La seconde raison dont se sert l'Apostre pour prouuer la fausseté de ceste iustice ne sera pas malaisée à entendre, si nous remarquons que les hommes estans impuissans par eux mesmes, ceux qui veulent estre iustifiés, doiuent premierement regarder la grace. Il ne suffit pas de considerer le precepte qui nous éclaire ; il faut encore leuer les yeux au S. Esprit de Dieu qui nous meut. C'est peu de chose de s'arrester simplement à l'action qui nous est commandée ; il faut aller au principe qui l'opere en nous. Nous ne voions pas ce principe, mais nous le croyons, parceque ce principe c'est I. C. mesme : De sorte que c'est la foy qui nous y conduit, puisque le propre de la foy c'est de croire, comme le propre de la Loy c'est de commander. 2. Raison.

Ceste verité estant supposée, il s'ensuit tres

O ij

euidemment, que celuy qui se proposera la Loy sans la foy établira vne fausse iustice. Car il n'aura aucun égard à la grace, & il croira pouuoir estre iuste par ses propres forces. C'est pourquoy l'Apostre S. Paul parle ainsi des Israëlites charnels qui consideroient la Loy de Moyse sans la foy du Sauueur Iesus ; *Ignorans* ^{Rom.10. ver.3.} *la iustice de Dieu, & voulans établir leur propre iustice, ils n'ont pas esté soumis à la iustice de Dieu.* Ceste iustice de Dieu dont il parle, n'est point celle par laquelle Dieu est iuste, mais celle par laquelle Dieu nous fait iustes. L'Apostre veut donc dire que les Iuifs charnels, ignorans ceste veritable iustice par laquelle Dieu nous fait iustes, ont voulu établir leur propre iustice, c'est à dire la iustice par leurs propres forces.

Delà vient que S. Augustin expliquant par les principes du S. Apostre, qu'elle est ceste iustice qui est par la foy, [a] *il faut entendre vne foy,* ^{a *Vtique ex fide quâ credimus iustitiam nobis diuinitus dari, non in nobis nostris viribus fieri. ep. 106.*} *dit-il, par laquelle nous croyons fermement que la iustice nous est donnée par la grace, & non point faite en nous par nous mesmes.*

C'est à quoy regarde S. Paul lors qu'ayant proposé ceste question, pourquoy les [b] *Israëlites suiuans la loy de iustice ne sont point paruenus à la loy de iustice,* il en rend ceste excellente raison, par-

b *Israel sectando legem iustitiæ, in legem iustitiæ non peruenit. Quare? quia non ex fide sed tamquam ex operibus. Rom. 9. 31.*

Refutation du Catechisme du Sr. Ferry.

ce que ce n'a pas esté par la foy, mais comme par les œuures : ᶜ C'est à dire comme operans par eux mesmes & ne croiant pas que c'est Dieu qui opere en eux. C'est l'interpretation de S. Augustin.

C'est encore ce qui fait dire au mesme S. Paul que ᵈ *nostre orgueil est aneanti, non point par la loy des œuures, mais par la loy de la foy* ; parceque la seule foy nous fait voir que rien ne peut subuenir à l'infirmité humaine si ce n'est la misericorde Diuine.

De ceste belle doctrine du grand Apostre, il resulte que le defaut essentiel de ceste orgueilleuse iustice qui ne se proposoit que les œuures, consiste en ces deux choses que nous auōs dites. C'est qu'il falloit que les hommes qui veulent bien faire, considerassent premierement qu'ils estoient pecheurs, & qu'ils cherchassent celuy qui reconcilie ; Secondement qu'ils estoient impuissans, & qu'ils recourussent à celuy qui aide. C'est ce que la fausse iustice ne pratiquoit pas ; & c'est pourquoy c'estoit vn orgueil dannable qui se couuroit du nom de iustice. Mais la iustice Chrétienne le fait par la foy. Car la foy nous propose Iesus-Christ Sauueur, Iesus-Christ liberateur & reparateur. S'il nous repare, nous estions tombés, s'il nous deliure nous estions captifs, s'il nous sauue,

ᶜ *Tanquā ex semetipsis operantes, non in se credentes operari Deum de spi. & litt. c. 29.*

ᵈ *Vbi est gloriatio tua, exclusa est. Per quam legē factorum ? sed per legem fidei. Rom. 3. ver. 27. Aug. de spi. & lit. c. 10.*

De quelle sorte la foy iustifie.

O iij

nous estions perdus.

C'est donc là ceste foy qui nous iustifie, si nous croions, si nous confessons que nous sōmes morts en nous mesmes, & que IesusChrist seul nous fait viure. C'est dis-je ceste foy qui nous iustifie, parce qu'elle fait naistre l'humilité, & par l'humilité la priere, & dans la priere la confiance, & ainsi elle nous impetre le don de la grace par laquelle nostre langueur est guerie, & nostre conscience purifiée.

C'est la doctrine constante de S. Augustin; c'est tout le but de ce docte liure qu'il à cōposé de l'esprit & de la lettre. ᵃ *La iustification*, dit-il, *est impetrée par la foy*: Et, ᵇ *la foy nous rent propice celuy qui iustifie*: ᶜ Et encore, *par la foy nous impetrons le salut, tant celuy qui se commance en nous effectiuement, que celuy que nous atandons par vne fidele esperance.* ᵈ *Et enfin, par la Loy la conoissance du peché, par la foy l'impetration de la grace contre le peché, par la grace l'ame est guerie du vice du peché.* Ce grand homme parle tousiours de la mesme sorte.

Ainsi dans la pensée de S. Augustin, la vertu de la foy consiste en la force qu'elle à d'impetrer la grace; Et ce Docte personnage là pris de

a *Iustificatio ex fide impetratur de Spir. & litt. c. 29.*
b *Per fidē concilians iustificatorem. &c. ibid.*
c *Fide I.C. impetramus salutē & quantū in nobis inchoatur in re & quantùm perficiēda expectatur in spe. ibid.*
d *Per legē cognitio peccati, per fidem impetratio gratiæ contra peccatum, per gratiam sanatio animæ a uitio peccati. ibid. c. 30.*

S. Paul. Car l'Apostre expliquant la vertu de la foy; *si tu confesses*, dit-il, *de ta bouche le Seigneur Iesus, & que tu croies en ton cœur que Dieu là resuscité des morts, tu seras sauué.* Il entend par ce mot general, *tu seras sauué*, tant le salut qui s'accomplira en la vie future, que celuy qui se commance en la vie presente. De sorte que la iustification du pecheur y doit estre necessairement comprise. C'est pourquoy il adjouste aussi tost apres; *Car on croit de cœur* A IVSTICE, *& on confesse de bouche à salut.* L'Apostre se propose donc de nous expliquer quelle est la vertu de la foy, mesme dans la iustification du pecheur; *Si tu crois*, dit-il, *tu seras sauué*: Et il en rend ceste solide raison; *Car celuy qui croit en luy ne sera point confondu.* Ce que voulant prouuer au verset suiuant, il continüe ainsi son discours; *Quiconque croit n'est point confondu: Car il n'y à point de difference du Iuif & du Grec, parceque c'est le mesme Seigneur de tous qui est riche sur tous ceux qui l'inuoquent. Car quiconque inuoquera le nom du Seigneur sera sauué.* Apres quoy il vient à la foy disant, *comment donc inuoqueront ils celuy auquel ils n'ont point crû?* Ou il est clair que la raison pour laquelle il dit que celuy qui croit n'est point

Preuue par l'Apostre.

Si cōfitearis in ore tuo dominum Iesū & in corde tuo credideris quod Deus suscitauit illū à mortuis saluᵘ eris. Corde enim creditur ad iustitiam, ore autem confessio fit ad salutē. Dicit enim scriptura, omnis qui credit in illum non confundetur. Non enī est distinctio Iudæi & Græ-

ci: *Nam idem Dominus omnium diues in omnes qui inuocant illum. Omnis enī quicumque inuocauerit nomen domini saluus erit. Quomodo ergo inuocabunt in quem non crediderunt? Rom.* 10.

confondu, c'eſt parce qu'en croiant il inuoque, & que celuy qui inuoque il obtient. Donc ſelon l'Apoſtre S. Paul la force de la foy en noſtre Seigneur, c'eſt qu'elle à la vertu d'impetrer: & S. Auguſtin raiſonne tres bien ſelon ces maximes Apoſtoliques quand il dit que la foy iuſtifie, parce qu'elle attire les graces par leſquelles nous ſommes iuſtifiez.

Nos Aduerſaires eux meſmes ne le nieront pas s'ils conſiderent bien quelques veritez deſquelles il eſt impoſſible qu'ils diſconuiennent. Car ie leur demande ſi vn pecheur, comme par exemple le Roy Dauid, apres ſon homicide & ſon adultere, ne doit pas prier continuellement que Dieu lui pardonne ſon crime ? Or s'il prie il eſt en la foy, ſelon ce que dit l'Apoſtre S. Paul, *Comment inuoqueront ils s'ils ne croient* ? Que s'il eſt vray que la ſeule foy, ſans tous les autres dons de la grace, opere la remiſſion des pechés, comment demande-t'elle auec tant de larmes ce qu'elle à deſ-ja obtenu ſi toſt qu'elle à eſté formée en nos cœurs ?

Rom. 10. ver. 14.

Il faut donc dire neceſſairement que la foy en IESVS-CHRIST iuſtifie; non qu'elle faſſe elle ſeule toute la iuſtice, mais parcequ'elle en eſt le principe, & que nous fondant ſur l'humilité elle nous impetre les autres dons par leſquels la iuſtice la iustice s'accomplit en nous.

Delà il s'ensuit clairement que nous sommes iustifiez par la foy sans exclusion de la charité. Car il paroist que S. Paul se sert de la foy pour mettre vne difference solide telle que nous l'auons exposée, entre la fausse iustice des Iuifs, & la vraye iustice du Christianisme, c'est à dire entre la iustice qui glorifie l'homme & la iustice qui glorifie Dieu : Et ainsi la iustification est attribuée singulierement à la foy, pour éloigner de nous l'arrogance humaine qui veut se glorifier en elle mesme, non pour exclurre la charité ny les autres vertus Diuines qui ne se glorifient qu'en la grace.

C'est la doctrine de la saincte Eglise de laquelle ie tire ces deux consequences ; Premierement que nous ne nions pas la iustification par la foy ; au contraire que nous l'établissons par les vrais principes que l'antiquité Chrétienne nous à enseignez par la bouche de S. Augustin. Secondement ie conclus que c'est vne extréme iniustice de nous opposer que nous renuersons la iustification gratuite. Car il n'est rien de plus gratuit que ce que la foy en I. C. nous impetre, parceque quand la foy inuoque, c'est le nom de nostre Seigneur Iesus-Christ & le merite de sa Passion qui obtient. Est-ce pas

P

vne calomnie manifeste d'assurer qu'vne telle créance renuerse la confiance au Liberateur.

Icy nos Aduersaires objectent que l'Eglise Catholique presche la iustification par les œuures. Pour resoudre ceste difficulté il est necessaire que nous entrions en la seconde des trois questions proposées touchant l'œconomie de la grace, & qu'apres auoir vû son commancement nous considerions son progrés.

Chap. 9.
De la iustificatiō par les œuures.

CEux qui ont escrit de nos controuerses ont iudicieusement remarqué, qu'il n'y à entre nous & nos Aduersaires aucune dispute particuliere touchant la iustification par les œuures; & la simple intelligence des termes fera conoistre ceste verité.

Suf. c. 2. p. 73.

Par la iustification nous pouuons entendre la seule remission des pechez, & c'est ainsi que nos Aduersaires l'expliquent. Sur cela nous leur auons accordé que nos pechez sont remis gratuitement non point à cause de nos merites, mais par les merites de Iesus-Christ. Nous auōs produit les decrets par lesquels le sacré Concile de Trente à defini ceste salutaire doctrine; & par consequent en ce point nous n'auons rien à contester auec les Ministres.

Mais nous prenons la iustification en vn autre sens pour nostre regeneration à la vie nouuelle, & nostre sanctification par le S. Esprit. On demande si la iustification ainsi entenduë, se fait par les œuures ou non: & nous disons que nous & nos Aduersaires n'auons rien à démesler sur ceste matiere; & en voicy la preuue éuidente.

Ceste sanctification par le S. Esprit peut estre regardée en deux sortes, dans son commancement ou dans son progrés. Or nous conuenons les vns & les autres; Premierement quelle ne se fait point en nous par les bonnes œuures, patce qu'elle en est le principe, & par consequent elle les precede; Secondement nous sommes d'accord qu'elle s'accroist par les bonnes œuures, parce qu'il est clair que nostre sanctification s'augmente à mesure que nous croissons en la charité. De sorte que toute la question consiste à sçauoir si la grace qui nous iustifie differe de celle qui nous sanctifie & nous regenere comme les Ministres l'enseignent. Ceste question n'est pas de ce lieu, & nous l'auons assez expliquée. Ainsi i'ay eu iuste sujet de dire, que dans la matiere ou nous sommes il n'y à entre nous & nos Aduersaires aucune dispute particuliere. Du Moulin luy mesme le reconnoit lors qu'il dit, *notés que nos Aduersaires par* Bouclier de la foy. sect. 45.

P ij

Bouclier de la foy sect. 45. la iustification entendent la sanctification ou regeneration, ainsi le but auquel ils visent, est de prouuer que nous sommes regenerés par les œuures, chose que nous accordons volontiers.

Toutefois pour la satisfaction des pieux Lecteurs, & pour eclaircir d'autant plus la foy Catholique, proposons la creance de la Saincte Eglise. L'Apostre S. Paul nous enseigne que *2. Cor. 4. ver. 16.* nostre homme interieur se renouuelle de iour en iour, parce qu'à mesure que nous croissons en foy, en esperance & en charité, nous imprimons de plus en plus en nos ames l'image du nouuel homme qui est Iesus-Christ. D'ailleurs le S. Esprit qui nous est donné ouure en nous vne source tousiours feconde, qui ne cessant iamais de couler, s'enrichit continuellement elle mesme; ce qui à fait dire à S. Augustin. *Il faut que nous entendions que celuy qui ayme à le S. Esprit, & qu'en l'ayant il merite de l'auoir d'auantage, & consequemment d'aimer d'auantage.*

Restat vt intelligamus spiritum sanctū habere qui plo diligit, & habendo mereri vt plo habeat, & plus habendo plus diligat. Tract. 74. in Ioan.

Nous donc qui sommes persuadés par les écritures, que c'est la mesme grace qui nous iustifie, & nous sanctifie, & nous regenere. Nous croyons aussi tres certainement qu'autant que l'œuure de nostre regeneration est auancée tous les iours par le S. Esprit, autant la grace qui nous iustifie est accrüe, selon ce que dit S. Iean en l'Apocalypse, *que celuy qui est iuste soit iustifié* Apoc. 22. *encore, & que celuy qui est sainct soit sanctifié encore*; ver. 11. c'est à dire sans difficulté, que celuy qui est sainct deuienne plus sainct, & que celuy qui est iuste, deuienne plus iuste. C'est à raison de cét accroissement de iustice que l'Eglise enseigne auecque S. Iacque que nous sommes iu- Iac. 2. stifiez par les œuures, parceque la foy sans les v. 21. 24. œuures est morte.

Ie sçay que nos Aduersaires répondent que S. Iacque ne parle point de la iustification deuant Dieu, & que par le mot de *iustifier* il entend declarer la foy par les bonnes œuures qui en sont les fruits. Mais certes si nous prenons bien le sens de l'Apostre, nous trouuerons que l'interpretation des Ministres luy est directement opposée. Car encore que S. Iacques ait dit en ce lieu que la foy est declarée par les œuures, (*ie te monstreray*, dit-il, *ma foy par les œuures*) Iac. 2. la suite du discours fait assez paroistre que ce ver. 18. n'est pas son intention principale. Son dessein est de reprendre ceux qui se confioient tellement en la seule foy qu'ils negligeoient la pratique des bonnes œuures; il entreprend de leur faire voir que leur foy est morte, qu'elle est sans vertu, qu'elle n'est pas capable de les sau- Iac. 2. uer; *Quelle vtilité mes freres*, dit-il, *si quelqu'vn se* ver. 14.

vante d'auoir la foy & n'a pas les œuures; sa foy le peut elle sauuer? Or pour leur monstrer ceste verité, c'estoit peu de chose de les auertir qu'ils ne declaroient pas leur foy deuant les hommes; il falloit encore leur faire sentir qu'ils n'estoient pas iustifiés deuant Dieu. Donc S. Iacques parle en ce texte de la iustification deuant Dieu, non deuant les hommes: Et neantmoins il assure manifestement que nous sommes iustifiés par les œuures; parce qu'il est plus clair que le iour, que ce n'est pas seulement par la foy, mais encore par les bonnes œuures que nous rendons nostre vie agreable à Dieu.

Nos Aduersaires objecteront, que si nous sommes iustifiés par les œuures, la iustification n'est pas gratuite. Mais la réponse n'est pas difficile: car nous auons des-ja remarqué que la iustification s'acroist par les œuures, & qu'elle ne se fait point par les œuures, parce qu'elle en est le principe; de mesme que l'homme croist par la nourriture, mais il ne se fait pas par la nourriture.

Sus. p. 115.

De ceste sorte il est aisé de comprendre que les œuures sont des fruits de la iustification, & que neantmoins elles la font croistre, comme ce que nous pouuons nous nourir c'est vne suite de ce que nous sommes viuans, & toutefois la nourriture conserue la vie.

Ainsi l'Apostre S. Iacque à tres-bien presché que nous sommes iustifiés par les œuures, & l'Apostre S. Paul à tres-bien nié que nous fussions iustifiés par les œuures; De la mesme façon que ie pourrois dire sans sortir de l'exemple que i'ay apporté, que c'est la nourriture qui nous fait viure parce qu'elle nous conserue la vie, & que ce n'est pas la nourriture qui nous fait viure parceque auant que nous nourir, nous viuons. Est-il rien de plus net ni de plus sincere ni de moins embarassé que ceste doctrine?

Mais du moins il s'ensuiura, dira-ton, que ce progrés de la iustification n'est pas gratuit, parce qu'il se fait en nous par les œuures: Ceste consequence seroit veritable si les œuures ne venoient point de la grace; mais *c'est la grace elle mesme*, dit S. Augustin, *qui merite d'estre augmentée, afin qu'estant augmentée elle merite aussi d'estre consommée.* *Ipsa gratia meretur augeri vt aucta mereatur & perfici* ep. 106.

C'est ce que l'Eglise Catholique enseigne du progrés des iustes dans la vie nouuelle; ils sont vnis comme membres au Fils de Dieu par la grace qui les iustifie, & ils s'auançent en ceste vnité autant qu'ils croissent en la charité. Estans vnis plus étroitement à ce Diuin chef du corps de l'Eglise ils reçoiuent vne influence plus forte, & la iustice de Iesus-Christ se répand sur eux plus abondamment. Quelle opiniastreté, ou quelle ignorance pouroit dire que ceste saincte doctrine diminüe la gloire du Fils de Dieu, & la confiance que nous auons en luy seul?

CHAP. 10
De l'accomplissemét de la loy, & de la verité de nostre iustice à cause du regne de la charité.

MAis nos Aduersaires opposent que nous n'auons pas vne opinion assez humble de l'imperfection de nostre iustice qui n'est que soüillure & iniquité; ils disent que nous croions pouuoir accomplir la loy, & ils assurent que c'est mal comprendre la corruption de la concuoitise qui demeure iusqu'à la mort dans les baptisez. Répondons par ordre à tous leurs reproches; s'ils nous écoutent en esprit de paix, ils verront qu'il n'appartient qu'à l'Eglise de sçauoir glorifier le Saueur des ames, & proposer les misteres Diuins auecque leur Majesté naturelle.

L'homme rétabli par la grace a de grandes miseres & de grands dons; de grandes miseres par sa nature corompüe, de grands dons par la misericorde Diuine. Nous deuons donc parler de ce que nous sommes auec vn si iuste temperament, qu'en auoüant nostre infirmité, nous ne meprisions pas le remede que le Saueur Iesus-Christ

Iesus-Christ nous presente : Pour cela il faut rabaisser ce que nous auons de nous mesmes, & reconoistre la dignité de ce que le S. Esprit fait en nous. Ainsi nous dontons l'arrogance humaine, & nous glorifions la grace Diuine.

C'est pourquoy nous detestons la fausse iustice que les sages de ce monde cherchent par eux mesmes ; Mais nous apprenons par les écritures qu'il y a vne iustice que Dieu fait en nous, qui découle de Iesus-Christ sur les fideles qui sont ses membres par l'abondance de son Esprit qu'il nous communique. A Dieu ne plaise que nous disions que ceste iustice ne soit que souïllure, & que nous deshonorions, par vn tel blaspheme l'ouurage du Sainct Esprit en nos ames.

Il en est de mesme des bonnes œuures. Si *Conc.* ie dis que l'hôme n'a rien de son propre fonds *Araus. 2.* que le mensonge & l'iniquité, ie confesse la *cap. 22.* langueur de nostre nature : Si ie dis que l'homme aidé par la grace ne fait rien de sainct ny de iuste, ie fais iniure non point à l'homme, mais au S. Esprit qui agit en nous.

Pour ce qui regarde la conuoitise nous auons *sus.p.86.* déja dit à nos Aduersaires, qu'encore qu'elle demeure apres le Baptesme elle n'est pas peché dans les baptisez, & nous auons établi les prin-

Q

cipes par lesquels ceste verité peut estre éclaircie. Mais ne laissons pas d'expliquer selon la doctrine de S. Augustin qui vient de la source des écritures, pour quelles causes la concupiscence bien qu'elle ne soit pas éteinte dans les baptisés, ne les empesche pas d'estre vraiment iustes, ny de pouuoir accomplir la loy selon la mesure de ceste vie.

Pour entendre ceste verité, supposons premierement que la conuoitise est vn attrait en l'homme par lequel il est porté à s'attacher aux biens perissables, & la charité vn attrait en l'hōme par lequel le S. Esprit le pousse & l'excite au bien eternel.

Secondement remarquons encore que toute la iustice des mœurs Chrétiennes consiste en la loy de la charité, Iesus-Christ luy mesme nous aiant appris, que toute la Loy estoit ren-*Matt. 22.* fermée en ce seul precepte, *Tu aimeras*. De la *ver. 40.* vient que S. Augustin parle ainsi de la charité, *De nat. & c'est elle qui est la tres veritable, la tres entiere, & grat. c. 42. la tres parfaite iustice.* D'où il s'ensuit par contrarieté de raison, que toute l'iniustice à son origine dans la conuoitise.

Ces principes estans posés, nostre doctrine sera tres intelligible. Quand l'attrait de la conuoitise domine dans l'ame, elle deuient captiue des biens corruptibles, & par consequent criminelle. Mais Dieu pour empescher ce desordre, inspire aux cœurs de ses vrais enfans la chaste delectation du bien eternel qui les deliure de la seruitude, & leur fait aimer Dieu plus que toutes choses. Ce doux lien de la charité attache si puissamment l'homme iuste à Dieu, qu'il peut venir à ce haut point de perfection de dire auec l'Apostre S. Paul, *Qui nous separera de la charité de Iesus-Chrift? Sera-ce l'affliction ou l'angoisse, la persecution ou la faim, la nudité, le peril, le glaiue? Ie suis certain que ny la mort, ny la vie, ny les Anges, ny les Principautés, ny les Puissances, ny le present, ny le futur, ny la hauteur, ny la profondeur, ny aucune autre creature ne pourra nous separer de la charité de Dieu qui eft en Iesus-Chrift nostre Seigneur.* Ce qui monstre que l'attrait de la conuoitise, n'empesche pas que l'ame fidele ne s'attache si étroitement au souuerain bien, quelle méprise pour l'amour de luy, tout ce qui flate, tout ce qui menace, tout ce qui tourmente.

Rom. 8. ver. 35.

Delà suit par vne consequence infaillible l'accomplissement de la Loy. Car le Sauueur à dit dans son Euangile, *celuy qui m'aime gardera mes commandemens;* Et l'Apostre S. Paul nous enseigne que *la charité eft l'accomplissement de la Loy* & que *celuy qui aime accomplit la Loy.* Or nous

Ioan. 14.
ver. 23.
Rom. 13.
ver. 10.
Ibid.

Rom. 5.
ver. 5.

sçauons que *la charité à esté répandüe en nos cœurs par le S. Esprit qui nous est donné*; & elle peut croistre à vne telle force, qu'elle nous fera prodiguer de bon cœur nos vies pour le salut eternel de nos freres, selon ce que dit l'Apostre S.

1. Thes. 2.
ver. 8.

Paul, *nous estions prests de vous donner non seulement l'Euangile, mais encore nos propres ames parceque vous nous esties deuenus treschers*: Ce que le Fils

Ioan. 15.
ver. 13.

de Dieu appelle luy mesme la perfection de la charité.

N'entreprenons donc pas de rabaisser l'homme en diminuant la grace de Dieu. Ecoutons la promesse qu'il fait aux heritiers du nouueau Testament, *I'écrirai*, dit-il, *ma Loy en leurs cœurs.*

Ier. 31.
ver. 33.

Qu'est-ce qu'écrire la Loy dans nos cœurs, sinon faire que nous aimions la Iustice qui éclate si magnifiquement en la Loy ; & que nous l'aimions d'vne affection si puissante, que malgré tous les obstacles du mode elle soit la regle de nostre vie? Car nostre Dieu n'imprime point en nos cœurs vne affection inutile, mais vne affection agissante. Et ce qu'il graue au fonds de nos ames, il le graue d'vne maniere tres efficace. C'est pourquoy comme il y graue sa Loy,

Rom. 8.
ver. 4.

l'Apostre S. Paul nous enseigne que *la iustification de la Loy est accomplie en nous par la grace de nostre Seigneur Iesus-Christ.* Ainsi nos Aduersaires qui nient que les iustes puissent accomplir la Loy, n'entendent pas assés l'energie des promesses de la nouuelle alliance.

Sainct Augustin l'a bien entendüe quand il assure en vne infinité de lieux que *la volonté guerie accomplit la Loy*, & *que la grace nous est donnée afin que nous la puissions accomplir*, & c'est par là que ce grand Docteur à releué l'efficace du secours Diuin. *Voluntas nostra ostēditur infirma per legem vt sanet gratia voluntatē & voluntas sanata impleat legem. Aug. de Spir. & litt. c. 9. ibi. c. 10.*

Peut-estre que les Ministres diront que nous n'accomplissons pas la Loy si exactement, qu'il ne se mesle de grands defauts en nos mœurs. A cela nous leur repondons que si c'est là tout ce qu'ils desirent de nous, nous ne disputons point auec eux. Proposons ce que l'Eglise Catholique enseigne.

NOus pouuōs considerer trois choses dans l'homme: Premierement le regne de la conuoitise tel que nous le voions dans les grāds pecheurs, qui éteint toute la charité, & c'est l'iniustice consommée; Secondement le regne parfait de la charité, tel que nous le croions dans les bienheureux, qui consume toute la conuoitise, & c'est la iustice parfaite; Et enfin le regne de la charité; tel qu'il est en ce pelerinage mortel, où encore que la conuoitise soit surmontée, elle n'est pas entierement abolie. *Cha. II. Cōtinuation de la mesme matiere, ou il est traité de l'imperfection de nostre iustice à cause du combat de la conuoitise.*

Q iij

Ce regne de la charité fait en nous vne veritable iustice; Ce meslange de la conuoitise empesche qu'elle ne soit iustice parfaite.

Il resulte clairement de ceste doctrine, qu'en ce lieu de misere & d'infirmité ou la chair conuoite contre l'esprit, il n'y à aucun homme exempt de peché. Car si la conuoitise domine, il s'ensuit que la charité est vaincüe, & l'hõme est precipité aux pechés dannables: Et encore que la charité soit victorieuse, toutefois la conuoitise resiste; Et dans vne si aspre meslée, & vne resistance si opiniastre ou nous auons à nous combatre nous mesmes, il arriue infailliblement que l'esprit qui surmonte par la charité, reçoit quelques blessures par la conuoitise. C'est pourquoy nous auons besoin toute nostre vie de recourir au Baptesme de larmes, & au remede salutaire de la penitence.

Deux sortes de pechés, dõt les vns ne détruisẽt pas le regne de la charité, les autres le renuersent.

Ceste verité Catholique met vne difference notable entre les pechés. Car il y à en nous des pechés qui établissent la domination de la conuoitise, & ce sont ceux que l'Eglise appelle mortels, parce qu'ils éteignent la charité. Il y en à d'autres qui naissent en nous à cause du combat de la conuoitise, & qui n'empeschent pas que la charité ne triomphe en nous; ce sont ceux que nous appellons veniels. C'est à cause de ces pechés que ceux là mesmes dans lesquels la charité regne, qui peuuent dire auec l'Apostre S. Paul, *Qui me separera de la charité de Iesus-Christ*, doiuent dire aussi tous les iours à Dieu, *remettés nous nos debtes comme nous remettous à ceux qui nous doiuent.* Ie ne pense pas que nos Aduersaires osent s'opposer à ceste doctrine s'ils veulent prendre la peine de la bien comprendre.

Delà vient que nous confessons humblement que c'est vne partie de nostre iustice de reconoistre que nous sommes pecheurs, & que celuy là est le plus auancé dans la iustice de ceste vie qui remarque en profitant tous les iours combien il est éloigné de la perfection de la iustice. *Aug. de Spir. & litt. c. 36.*

Ce n'est pas qu'il ne faille aoüer qu'il y à quelque perfection ici bas selon la mesure de cét exil. Car Iesus-Christ n'a pas dit en vain, *Soiés parfaits comme vostre Pere celeste est parfait*; Et S. Paul, *nous preschons la sagesse entre les parfaits.* Il y à donc quelque sorte de perfection mesme en ce pelerinage mortel, parce qu'encore que l'homme iuste n'arriue pas à la charité acheuée, il n'obeit à aucune conuoitise: Et encore qu'il ne possede pas entierement le souuerain bien, neantmoins il ne se plaist en aucun mal, gemissant auec l'Apostre & disant, *Matt. 5. ver 48. 1. Cor. 2. ver. 6.* *Aug. ibid.*

Rom. 7.
ver. 24.
Aug. ibid.
Malheureux homme que ie suis, qui me deliurera de ce corps de mort? *Ainsi nous pouuons*, dit S. Augustin, *nous déplaire dans les tenebres encore que nous ne puissions pas arrester nos veües sur vne lumiere tres éclatante.*

C'est la perfection qui nous est promise par la grace de la nouuelle alliance. Moyse dit au Deuteronome, *Le Seigneur Dieu circoncira ton cœur, & le cœur de ta posterité apres toy afin que tu aimes le Seigneur ton Dieu de tout ton cœur & de toute ton ame.* Nous voions dans ce beau passage la conuoitise vaincuë par la circoncision de nos cœurs, & la saincte charité regnante par l'attachement au souuerain bien.

Deut. 30.
ver. 6.

Comparaison de nostre iustice auec celle d'Adam.
Que si nos Aduersaires objectent que les oppositions de la conuoitise diminuent les transports de la charité nous y consentirons volontiers; & toutefois nous ne craindrons pas d'asseurer auec l'admirable S. Augustin, que la grace du S. Esprit abonde tellement en l'ame des iustes, que leur charité quoy que combatuë à quelque chose de plus vigoureux qu'elle n'auoit en Adam nostre premier pere lors qu'elle y joüyssoit d'vne pleine paix. Car Adam n'auoit rien à combatre dans vne si grande felicité, dans vne telle facilité de ne pecher pas. *Maintnant*, dit S. Augustin, *il faut vne liberté plus grande contre*

de contre tant de tentations qui n'estoient pas dans le Paradis afin que ce monde soit surmonté auec toutes ses erreurs, toutes ses terreurs & les attraits de ses fausses amours. D'où vient ceste liberté plus grande sinon d'vne charité plus puissante que la grace de Iesus-Christ inspire à ses Saincts? En effet est-il pas necessaire que ceste charité soit plus forte & plus fortement attachée à Dieu, puis qu'ayant à se roidir contre tant d'obstacles, malgré tant d'ennemis dedans & dehors, elle ne laisse pas de dire de tout son cœur, *Iesus-Christ est ma vie*, &, *ie vis non plus moy, mais Iesus-Christ en moy*? Aussi S. Augustin nous enseigne que Dieu mettant Adam dans le Paradis, voyoit bien qu'il deuoit tomber; *Mais en mesme temps il voyoit*, dit-il, *que par sa posterité aidée de la grace, le diable seroit surmonté auec vne plus grande gloire des Saincts*. Ainsi quoy que la conuoitise entreprenne pour détruire la iustice des enfans de Dieu, elle demeure victorieuse par la charité qui est la veritable iustice comme l'appelle S. Augustin, & la grace les remplit tellement que nous voyons tout ensemble en l'homme fidele plus de force, plus d'infirmité; plus de gloire, plus de bassesse. Qui pouroit operer vn si grand miracle sinon celuy qui dit à S. Paul qui se plei-

Maior quippe libertas necessaria est aduersus totet tantas tentationes quæ in Paradiso non fuerunt, vt cum omnibus amoribus, terroribus, erroribus suis vincatur hic mũdus &c. de cor. & grat. c. 12.

Phil. 1. to. ver. 21.
Gal. 2. ver. 20.

Nullo modo quod vinceretur incertus, sed nihilominùs præscius quod ab eius semine adiuto suâ

gratiâ idem ipse Diabolus fuerat sanctorum gloria maiore vincendus. lib. 14. de ciu. Dei. c. 27.

R

gnoit de se voir assailli d'vne tentation vio-
lente, *Ma grace te suffit car ma puissance se parfait dans l'infirmité.*

 Concluons donc enfin ceste question, & confessons que la doctrine Catholique triomphe de tous les reproches de ses Aduersaires. Car s'ils nient la verité de nostre iustice, & l'accomplissement de la Loy à la maniere que nous auons exposée, ils contredisent à l'écriture & outragent l'esprit de la grace. Que s'ils combatent l'accomplissement de la Loy pour monstrer qu'il n'est iamais si exact qu'il euite toute sorte de reprehension, ils ne touchent point à nostre creance, puisque l'Eglise Catholique cófesse auec le plus grand de tous ses Docteurs, que Dieu iustifie tellement ses Saincts qu'il ne laisse pas d'y auoir tousiours quelque chose qu'il accorde liberalement à la priere, & qu'il pardonne misericordieusement à la penitence.

marginalia: 2. Cor. 12. ver. 9.

marginalia: Aug. de sp. & litt. c. 36.

CHAP. 12. Du merite des bónes œuures. Sentiment de l'anciéne Eglise. Sus. p. 72.

DEs trois questions importantes sur lesquelles ie m'estois proposé d'expliquer les sentimens de l'Eglise, les deux premieres ont esté traitées ; & par la misericorde Diuine la gloire de Iesus-Christ à paru dans le commancement & dans le progrés de la vie nouuelle du Chrétien. Maintenant il faut monstrer à nos

Aduersaires que la doctrine que nous professons touchant nostre couronnement dans la vie future n'est pas moins glorieuse au Sauueur des ames, afin que tout le monde conoisse, que l'Eglise Catholique n'a rien plus à cœur, que de faire éclater par toute la terre l'honneur du Fils de Dieu son Epoux.

Les Caluinistes ne peuuent souffrir que nous enseignions, que la vie eternelle est renduë aux merites des bonnes œuures, & c'est pour cela principalement que le Ministre que nous combattons accuse le sacré Concile de Trente de ruiner la confiance en nostre Sauueur.

I'ai promis de luy faire voir que la foy de *Sus p. 49.* la saincte Eglise est vn heritage ancien qu'elle à reçeu des pieux Docteurs qui ont fleury dans les premiers siecles ; par où le Catechiste reconoistra que sous le nom des Peres de Trente il condamne l'antiquité Chrétienne qui prononce nettement en nostre faueur.

Pour entendre ceste verité comprenons les raisons solides par lesquelles l'Eglise ancienne à vaincu l'heresie des Pelagiens.

La malice de ceste heresie consistoit, en ce que niant la grace de Dieu elle attribuoit tout le bien à nostre merite. Pour détruire ceste superbe doctrine il n'y auoit rien de plus necesfaire que d'abatre le merite infolent par lequel ces heretiques enfloient noftre orgueil. Si l'Eglife n'euft pas crû le merite, il eftoit temps alors de le declarer pour confondre les Pelagiens qui s'y confioient excefliuement. Mais au contraire elle fe propofe de renuerfer le merite Pelagien en établiffant le merite. Elle ruine vn merite infolent par vn merite refpectueux; elle oppofe au merite qui preuient la grace, vn merite qui eft vn fruit de la grace, & c'eft ce merite que nous croions.

Le feul témoignage de S. Auguftin eft capable de conuaincre les plus obftinez. Car qui ne fçait que ce grand Euefque eft celuy de tous les Saints Peres, qui à difputé le plus fortement contre ce merite Pelagien qui s'éleue contre la gloire de Dieu? Et toutefois cét humble Docteur, ce puiffant defenfeur de la grace, dans les lieux ou il foudroye les Pelagiens, prefche fi conftamment le merite, qu'il eft impoffible de ne voir pas que le merite établi par les vrais principes, bien loin d'eftre contraire à la grace, en prouue clairement la neceffité & en fait éclater la vertu.

Ecoutons parler ce grand perfonnage dans cefte Epiftre fi forte qu'il écrit à Sixte contre l'herefie des Pelagiens. *De quels merites fe van-*

tera celuy qui à esté deliuré, auquel si l'on rendoit selon ses merites, il n'euiteroit iamais la dannation ? Quelle arrogance Pelagienne pouroit se defendre contre ces paroles ? Mais de peur que les ignorans n'estimassent qu'en s'opposant à ce faux merite il voulust combatre le veritable, il adjouste aussi tost apres ces beaux mots ; Les iustes n'ont ils donc aucuns merites ? Ils en ont certainement parce qu'ils sont iustes, mais ils n'auoient pas merité que Dieu les fist iustes.

<small>Quæ igitur sua merita iactaturus est liberatus, cui si digna meritis redderētur non esset nisi dānatus ? Nullāne igitur sunt merita iustorū ? Sunt planè quia iusti sunt, sed vt iusti fierent merita non fuerunt. Epi. 105.</small>

Qui ne voit ici que S. Augustin ruine le merite qui preuient la grace par le merite qui est vn fruit de la grace, & qu'autant qu'il deteste ce premier merite, autant approuue-til le second ?

Mais celuy qui voudra conoistre sans obscurité les sentimens de S. Augustin touchant le merite des bonnes œuures, il n'a qu'a considerer attantiuement de quelle sorte ce grand homme emploie contre les ennemis de la grace ce passage de l'Egistre aux Romains ; *le paiement du peché c'est la mort, la grace & le don de Dieu c'est la vie eternelle.* Nos Aduersaires ignorans de l'antiquité : ou deferans peu à ses sentimens estiment que le mot de grace ne se peut accorder auec le merite. Mais l'excellent predicateur de la grace raisonne par des principes

<small>Rom. 6. ver. 23.</small>

R iij

bien opposez; il enseigne que la vie eternelle est donnée aux merites des Saints, il confesse que l'Apostre S. Paul pouuoit dire qu'elle est le payement du peché. ᵃ *Et il est ainsi*, dit S. Augustin, *parceque de mesme que la mort est renduë au merite du peché comme son veritable loyer, aussi la vie eternelle est renduë comme paiement* AV MERITE DE LA IVSTICE. Peut-on prescher plus clairement le merite ? Toutefois ce grand Docteur passe bien plus loin; il recognoist qu'il y a en l'homme vne ᵇ *veritable iustice, à laquelle il ne craint point d'asseurer que la vie eternelle* EST DVE. D'où vient donc demande S. Augustin, que ceste vie bien-heureuse est appellée grace ? Voici la raison de ce S. Euesque. ᶜ *La vie eternelle*, dit-il, *est renduë aux merites precedens : toutefois à cause que ces merites ne sont point en nous par nos propres forces, mais y ont esté faits par la grace, delà vient que la vie eternelle est appellée grace; sans doute parce qu'elle est donnée gratuitement, & ce quelle est donnée gratuitement, ce n'est pas qu'elle ne soit donnée* AVX MERITES; *mais c'est à cause que les merites* AVSQVELS LA VIE ETERNELLE EST DONNE'E *sont eux mesmes des dons de la grace.*

ᵃ *Et verū est, quia sicut merito peccati tāquam stipendium redditur mors, ita merito iustitiæ tāquam stipendium vita æterna.* Epi. 105.

ᵇ *Cui debetur vita æterna, vera iustitia est. ibid.*

ᶜ *Vnde est ipsa vita æterna quæ vtique in fine sine fine habebitur, & ideò meritis præcedentibus redditur, tamen quia merita quibus redditur, non à nobis parata sunt per nostram sufficientiam, sed in nobis facta per gratiam, etiam ipsa gratia nuncupatur; non ob aliud nisi quia gratis datur; nec ideò quia meritis non datur, sed quia data sunt merita quibus datur. ibid.*

Tous les écrits de S. Augustin enseignent constamment la mesme doctrine, & pour faire voir à nos Aduersaires qu'il l'a deffendue iusques à la mort, produisons vn des derniers liures qu'il à composez, & dans lequel il à ramassé tout ce qu'il y à de fort & de concluant pour faire ployer l'arrogance humaine sous l'aimable ioug de la grace. C'est delà que ie veux tirer vn témoignage autentique pour nostre creance afin qu'il demeure certain, que iamais cét admirable Docteur n'a presché plus hautement le merite que lors qu'il entreprent d'établir la sainte humilité du Christianisme. *Puisque la vie eternelle*, dit S. Augustin, *laquelle* CERTAINEMENT *est rendue aux bonnes œuures*, COMME CHOSE QVI LEVR EST DVE *est appellée grace par le grand Apostre, quoy que la grace soit donnée gratuitement & non point renduë à nos bonnes œuures: Il faut confesser* SANS AVCVN DOVTE *que la vie eternelle est appellée grace, parce qu'elle est* RENDVE AVX MERITES *qui nous sont donnez par la grace* ? Donc selon la doctrine de S. Augustin, Dieu ne donne pas seulement, mais il rend la vie eternelle aux merites de ceste vie, & il ne la rend pas seulement, mais

Quia & ipsa vita eterna quã certum est bonis operibus debitam reddi, à tanto Apostolo gratia Dei dicitur, cũ gratia non operibus reddatur, sed gratis detur: sine vllâ dubitatione confitendũ est ideò gratiam vitam æternam vocari quia his meritis redditur quæ gratia contulit homini. De correct. & grat. c. 13.

il la rend comme chose düe. Que les Ministres murmurent tant qu'il leur plaira, qu'ils déclament contre les merites, qu'ils disent que c'est l'orgueil qui les à produits. A Dieu ne plaise que nous croions que les seuls Caluinistes soiët humbles, & que S. Augustin ait esté superbe; qu'eux seuls établissent la grace, & que ce soit S. Augustin qui l'ait renuersée ; qu'eux seuls mettent leur confiance en nostre Sauueur, & que S. Augustin ait perdu ceste bien-heureuse esperance.

Ce qui me semble ici le plus remarquable, c'est que l'Eglise tousiours constante n'a iamais vû les Pelagiens s'éleuer contre la grace de Dieu qu'elle ne les ait defaits par les mesmes armes. Car il y à prés de douze cents ans que les restes de ceste heresie infectans la France, nos Peres assemblez à Orenge les condamnerent par ce beau Chapitre, *la recompense est düe aux bonnes œuures si l'on en fait, mais la grace qui n'est point düe precede afin qu'on les fasse.* Tant il est veritable que l'ancienne Eglise ne croioit pas assez honorer la grace si elle n'enseignoit les merites; & en effet on pourra conoistre par la suite de ce discours, qu'il n'y à rien qui releue plus le prix & la dignité de la grace que les merites fidelement expliqués selon les sentimens

Debetur merces bonis operibus si fiant sed gratia quæ nõ debetur præcedit ut fiant. Conc. Arauſ. 2. c. 18.

mens de l'Eglise.

Toutes ces choses bien considerées doiuent faire comprendre à nos Aduersaires, qu'il est impossible que ceste doctrine ne fust receüe tres constamment par toute l'Eglise, puisque ainsi que i'ay déja obserué, dans vn temps où les heretiques abusoient si arrogamment du merite, elle se croit obligée de le soustenir en termes si clairs & si decisifs. D'ou ie tire deux consequences notables contre le Catechisme du Sr. Ferry. Ie dis premierement qu'il à tort de rapporter l'établissement du merite entre ces autres grands changemens qu'il pretend auoir esté faits à Trente. Il y à de l'infidelité ou de l'ignorance de vouloir faire passer pour nouueau ce qui à des fondemens si certains dans l'antiquité, par le témoignage d'vn si grand Docteur, & par l'oracle d'vn de nos Conciles approuué vniuersellement par toute l'Eglise. Delà en second lieu ie conclus qu'il est ridicule de dire que le merite des bonnes œuures ruine ceste confiance au Sauueur sans laquelle il n'y à point de Christianisme, puisqu'on ne peut sans vne extrême impudence charger l'Eglise ancienne d'vn crime si noir, & que le Catechiste confesse luy mesme qu'il n'y à rien dans la foy de S. Augustin, qui détruise les verités es-

Pag. 104.

S

Pag. 44. sentielles & qui donne vne iuste cause de separation.

CHAP. 13. Que la doctrine du Concile de Trente touchant le merite des bonnes œuures honore la grace de I. C. & nous apred à nous confier en luy seul.

IE sçay bien que nos Aduersaires pour se defendre de ces authoritez anciennes qui accablent leur nouueauté, ne manqueront pas de nous repartir que nous preschons le merite en vn autre sens que les premiers Docteurs Orthodoxes. Mais l'explication de nostre creance fera voir que le mesme esprit qui à si bien éclairé les Peres, à presidé au Concile de Trente.

Certes le merite que nous enseignons n'est pas ce merite superbe par lequel les Pelagiens flatoient l'amour propre; c'est vn merite soumis & respectueux qui ne pretend qu'encourager l'homme, & honorer la grace de Dieu.

Pour établir le merite des bonnes œuures, il faut que ces trois choses concourent, la cooperation du libre arbitre, la verité de nostre iustice par la grace de Iesus-Christ, la vie eternelle proposée aux œuures comme leur couronne & leur recompense.

Premierement nous croyons en l'homme le libre arbitre de la volonté par lequel il peut choisir le bien & le mal. Nostre foy est si clairement fondée sur les écritures, qu'il est impossible de la contredire. *I'appelle à témoin le Ciel*

Deut. 30. vers. 19.

& la terre, disoit Moyse aux Israëlites, *que ie*

Refutation du Catechisme du Sr. Ferry. 139

vous ai proposé la vie & la mort, la benediction & la malediction. Choisissez donc la vie afin que vous viuiés. Delà vient que l'antiquité Chrétienne à crû d'vn consentement vnanime le libre arbitre de nos volontez sans que personne s'y soit opposé que les heretiques : Tellement que les Sectateurs de Pelage obiectants à S. Augustin que la doctrine Catholique détruisoit le libre arbitre de l'homme, il défend l'Eglise contre ce reproche, & declare hautement à ces heretiques, que *Dieu à reuelé par les écritures qu'il y a dans l'homme le libre arbitre de la volonté.* Et voulant expliquer ailleurs qu'elle est la fonction de ce libre arbitre, *c'est à la propre volonté,* dit-il, *de consentir ou de resister à la vocation Diuine.* Il a fait des liures entiers sur ceste matiere.

Reuelauit nobis Deus per scripturas suas esse in homine liberum voluntatis arbitrium. Aug. de grat. & lib.arb.c 2. Consentire autem vocationi Dei vel ab ea dissentire propriæ voluntatis est. de sp. & litt. c. 34.

De ceste doctrine du libre arbitre suit nostre cooperation auecque la grace, suiuant ceste parole du S. Apostre, *operez vostre salut auec crainte & tremblement* ; *Car Dieu opere en vous le vouloir & le faire* : où S. Paul ordonne que nous fassions ce qu'il dit que Dieu fait en nous ; Et c'est pourquoy il parle ainsi de luy mesme, *non pas moy, mais la grace de Dieu auec moy*; c'est à dire selon l'interpretation de S. Augustin, *ce n'est pas la grace de Dieu toute seule, ce n'est pas aussi luy tout seul, mais la grace de Dieu auec luy.*

Phil. 2. ver. 12.
1. Cor. 15. ver. 10.
Nec gratia Dei sola nec ipse solus, sed gratia Dei cum illo. de grat. & lib.c. 5.

S ij

La seconde chose qui est necessaire pour les merites, c'est la sainteté & la iustice des bonnes œuures, que nous auons tres solidement établie sur ceste verité Catholique, qui nous enseigne que nos bonnes œuures sont des ouurages du S. Esprit, & qu'elles naissent de l'influence continuelle de nostre Seigneur Iesus-Christ sur les fideles qui sont ses membres.

Ie sçay que les Ministres semblent distinguer ce que nous faisons dans les bonnes œuures d'auec ce que le S. Esprit y opere; mais c'est parler ouuertement contre l'écriture. Car il n'y à rien dans les bonnes œuures qui soit plus à nous que nostre vouloir, & c'est là proprement ce que nous faisons : Toutefois c'est nostre vouloir que le S. Esprit s'atribüe, *Dieu*, dit-il, *opere en nous le vouloir*. Par où nous voyons sans obscurité que Dieu agit tellement en nous, que ce que nous faisons de bien c'est luy qui le fait, & que ce qu'il fait de bon en nos œuures, c'est nous mesmes qui le faisons par sa grace, & ainsi se iustifie tres parfaitement ce que nous auons cité de l'Apostre, *non pas moy, mais la grace de Dieu auec moy.* Ce qui nous montre de quelle iustice les bonnes œuures des Saints doiuent estre ornées, puisqu'elles tirent leur origine de celuy qui est la sainteté mesme

Ph. 2. ver. 12.

& la source de toute iustice.

Outre la cooperation de nos volontez, & la iustice de nos bonnes œuures, le merite demande encore que la vie eternelle leur soit proposée comme leur couronne & leur recompense; & c'est ce que toute l'écriture nous presche. Car ie n'y voi rien plus commun que ceste sentence que Dieu rendra à chacun selon ses œuures. Mais parce que c'est ici le point principal, il est absolument necessaire que nous l'examinions d'auantage. Nous en trouuerons l'éclaircissement au chapitre 25. de S. Mathieu, dans lequel le iugement est dépeint auec de si viues couleurs.

Nous posons cōme vne maxime certaine que non seulement la punition des pechez, mais encore la distribution des couronnes nous est representée dans les écritures comme vne action de iustice. C'est pourquoy dans l'vne & dans l'autre de ces actions, Iesus-Christ nostre Sauueur paroist comme iuge; par consequent il y fait iustice; & ainsi ces deux actions appartiennent à la iustice.

Delà vient qu'en toutes les deux on produit les pieces, & ces pieces ce sont les œuures; pour cela les liures sont apportez & les consciences ouuertes par ceste lumiere infinie qui

S iij

penetre le secret des cœurs.

Le iuge souuerain qui prononce, quoy qu'il decide tout en dernier ressort, ne laisse pas de motiuer sa sentence pour l'instruction de ses seruiteurs, & dans la iuste distinction qu'il fait des bienheureux & des malheureux, il n'allegue pour son motif que les œuures. Il rapporte tout à la charité, parce qu'ainsi que nous auons dit la charité comprend elle seule toute la iustice des mœurs Chrétiennes.

Sus.p.122.

Delà il s'ensuit qu'en ceste iournée les œuures feront le discernement; ce sera sur les œuures qu'on prononcera; ce sera donc vne action de iustice, parce qu'il n'appartient qu'à la iustice de prononcer sur les œuures.

C'est pour ceste raison que l'Apostre voulant faire entendre aux fideles que toute ceste action est vn iugement, il leur parle d'vn *Tribunal, deuant lequel*, dit-il, *nous comparoistrons, afin que chacun remporte selon ce qu'il aura fait en son corps soit bien soit mal*. Ce qui monstre sans aucun doute que Iesus-Christ en ce dernier iour agira en iuge, & que tant la punition que la recompense se rapportent à la iustice.

2. Cor.c.5.

Mais S. Paul s'explique en termes plus clairs écriuant à son cher Timothée. *I'ai bien combatu*, dit l'Apostre, *i'ay acheué ma course, i'ay gardé la*

2. Tim. 4.

foy, au reste la couronne de iustice m'est reseruée que le Seigneur ce iuste iuge me rendra en ce iour. Nous disons qu'il n'est pas possible de parler plus clairement en nostre faueur. Car premierement l'Apostre S. Paul ne se promet point la couronne qu'apres qu'il à raconté ses œuures, & ceste couronne qu'il attend de Dieu il l'appelle couronne de iustice, & c'est pourquoy il dit qu'on la luy rendra, & insistant d'auantage sur ceste pensée, *le Seigneur*, dit-il, *ce iuste Iuge me la rendra.* N'estce pas nous declarer nettement qu'il la rendra comme iuste iuge? Or le iuge agissant en iuge se propose necessairement la iustice ; & donc ceste derniere retribution est vn ouurage de la iustice Diuine.

C'est à quoy regardoient les Saints Peres, quand ils ont si constamment établi le merite des bonnes œuures. Ils consideroient que les écritures rapportoient à Iesus-Christ comme iuge & la punition des meschans, & le couronnement des fideles : delà ils ont inferé que ceste distribution de biens & de maux se feroit selon les reigles de la iustice, c'est à dire comme chacun l'aura merité, parce que c'est le propre de la iustice de considerer le merite. C'est encore pour la mesme raison qu'ils n'ont fait aucune difficulté d'enseigner positiuement que la vie eternelle estoit düe, parce que c'est vne maxime infaillible que la iustice ne rend que ce qu'elle doit.

Nous examinerons en son lieu qu'elle est la nature de ceste debte par laquelle il à plû à Dieu de s'obliger à ses creatures. Il suffit que nous remarquions maintenant que l'écriture nous à enseigné ces trois conditions importantes qui sont requises pour le merite, c'est à dire la cooperation de nos volontez, la iustice des bonnes œuures, & la gloire rendüe comme recompense.

L'Apostre à renfermé ces trois choses dans le texte que i'ay rapporté de la 2. Epistre à Timothée. *I'ay*, dit-il, *combatu vn bon combat, i'ay acheué ma course, i'ay gardé la foy*; cela marque l'operation de la volonté: *la couronne de iustice m'est reseruée*; si c'est la iustice que l'on couronne il y à donc vne veritable iustice: *Dieu ce iuste iuge me la rendra*; qui ne remarque ici la iustice par laquelle Dieu rend la couronne aux bonnes œuures que nous faisons comme leur veritable recompense?

Ces trois veritez si considerables meritoient sans doute vn traité plus ample; mais vn si long discours n'est pas necessaire pour le dessein que ie me suis proposé qui ne doit comprendre

prendre autre chose qu'vne simple explication de nostre doctrine par laquelle nos Aduersaires conoissent que nous n'auons de gloire qu'en Iesus-Christ seul.

Certes si nous presumions de nous mesmes, nous ne pourions fonder nostre orgueil que sur la cooperation du libre arbitre, ou sur la dignité de nos bonnes œuures, ou sur ce titre de recompense au sens que nous auons exposé. Repassons donc en peu de paroles sur ces trois veritez excellentes sur lesquelles sont appuiez tous les bons merites, & monstrons à nos Aduersaires que le saint Concile de Trente nous les fait considerer d'vn œil si modeste, que nous pouuons asseurer sans crainte, que rien n'établit mieux la gloire de Dieu & le merite de I. C. que le merite des bonnes œuures comme l'Eglise Catholique l'enseigne.

Premierement il est veritable que la doctrine du libre arbitre est vn des articles de nostre créance. Mais que les Ministres ne pensent pas que nous vantiós nostre liberté pour nous confier en nous mesmes. Car nous reconoissons deuant Dieu que nostre volonté est captiue iusqu'à ce que le Fils l'affranchisse. Le Concile de Trente confesse que nous naissons enfans de colere, esclaues du peché & du diable ; tellement qu'il est

Sess. 6. c. 1.

T

impoſſible que iamais noſtre infirmité ſe releue ſi le miſericordieux medecin ne luy tend ſa main charitable. Comment donc nous vanterons nous d'vne liberté qui n'eſt reparée que par grace, & dequoy ſe glorifiera celuy qui à eſté deliuré ſinon de la bonté du Liberateur?

Quelle eſt la nature de noſtre merite.

Nous croyons la iuſtice des bonnes œuures, & nous diſons qu'il eſt impoſſible qu'elles ne ſoient de tres grand prix deuant Dieu, puiſqu'il les fait luy meſme par ſon eſprit ſaint; puiſqu'elles naiſſent de ceſte Diuine vertu que Ieſus-Chriſt comme chef répand ſur ſes membres. C'eſt auſſi vne des raiſons qui nous oblige de les honorer du nom de merite pour exprimer leur valeur & leur dignité: Mais c'eſt auſſi pour ceſte meſme raiſon que nous en rapportons tout l'honneur à Dieu apres le ſacré Concile de Trente qui imprime ceſte verité en nos cœurs par ces paroles ſi pieuſes & ſi Chrétiennes; *Encore que nous voyons que les ſaintes lettres faſſent tant d'eſtime des bonnes œuures, que Ieſus-Chriſt nous promet luy meſme qu'vn verre d'eau donné à vn pauure ne ſera pas priué de ſa recompenſe; & que l'Apoſtre témoigne qu'vn moment de peine en ce monde produira vn poids de gloire eternele: Toutefois à Dieu ne plaiſe que le Chrétien ſe fie ou ſe glorifie en luy meſme, & non point en noſtre Seigneur*

Abſitut Chriſtianº homo in ſe vel confidat, vel glorietur & non in domino, cuius tāta eſt ergaomnes homi-

duquel la bonté est si grande enuers tous les hommes, qu'il veut que ses dons soient leurs merites. Paroles vraiment saintes, vraiment Chrétiennes, qui ostent tout orgueil iusqu'à la racine. Car si tout ce que nous pouuons appeller merite doit estre estimé vn don de la grace, dequoy peut presumer l'arrogance humaine? & ne paroist-il pas clairement qu'établir le merite en ce sens, ce n'est pas vouloir glorifier l'homme, mais honorer la grace de Dieu par nostre Seigneur Iesus-Christ? *nes bonitas, vt eorum velit esse merita quæ sunt ipsius dona. Sess. 6. c. 16.*

C'est ainsi que le merite des bonnes œuures à esté enseigné par S. Augustin & par les anciens Docteurs Orthodoxes, & le Concile de Trente suiuant leur exemple témoigne par les paroles que i'ay rapportées, qu'il n'a point de plus grande apprehension que de voir l'homme se confier en luy mesme & non point en nostre Seigneur. Cependant le Catechiste voudroit faire croire que ce Concile ne s'est assemblé que pour ruiner ceste solide esperance qui appuye le cœur du fidele en Iesus-Christ seul: Certes la sincerité Chrétienne ne soufre point ces déguisemens, & il n'appartient qu'au mensonge de vouloir se fortifier par des calomnies.

Mais acheuons de faire conoistre la modeste simplicité de nostre doctrine dans le point

T ij

148 *Refutation du Catechifme du Sr. Ferry.*

ou nos Aduerſaires s'imaginent que nous preſumons le plus de nos forces. Nous diſons que la couronne d'immortalité eſt renduë aux bonnes œuures des Saints par vne action de iuſtice. Les Miniſtres taſchent de perſuader qu'il n'y à point d'arrogance pareille à la noſtre puiſqu'elle oſe exiger de Dieu par iuſtice, ce que nous ne deuons eſperer que de ſa ſeule miſericorde. Defendons noſtre innocence contre ce reproche, & montrons par des raiſons euidentes que nous ne diſons rien en ceſte matiere que les plus échaufez de nos Aduerſaires ne ſoient obligez de nous accorder.

Par quelle ſorte de iuſtice Dieu noꝰ recompenſe,

Ce ſeroit vne fole temerité de croire que la creature puſt auoir par elle meſme aucun droit ſur les biens de ſon Createur. Quelques bonnes œuures que nous faſſions Dieu ne nous peut deuoir que ce qu'il luy plaiſt, & cela paroiſt principalement par ces deux raiſons. Premierement il eſt noſtre Createur, ce qui luy donne vn domaine ſi independant, que nous ſommes à luy bien plus qu'à nous meſmes: De ſorte qu'il n'y auroit rien de plus ridicule que de diſputer contre luy, & luy ſouſtenir qu'il nous doit. Secondement nous ſommes pecheurs, & en ceſte déplorable qualité, bien loin d'exiger de luy quelque choſe, nous deuons nous estimer bienheureux qu'il ne décharge pas sur nous toute sa colere que nous auons si iustement meritée.

Il est donc absolument impossible que sa iustice soit tenüe à rien enuers nous si ce n'est que sa bonté l'y oblige. Il ne peut y auoir de iustice qu'entre ceux qui doiuent estre reiglés par vn droit commun; tellement qu'elle presuppose quelque egalité, ce qui ne peut estre entre Dieu & l'homme à cause de la disproportion infinie. C'est pourquoi ce grand Dieu viuant dont les misericordes n'ont point de bornes, voulant établir quelques loix de iustice entre sa nature & la nostre, il nous honore de son alliance, il s'engage à nous par promesse, & ainsi ceste Majesté souueraine entre en societé auec nous.

Delà il s'ensuit que la iustice qui nous recompense est fondée sur la promesse Diuine par laquelle Dieu s'oblige à nous gratuitement à cause de nostre Seigneur Iesus-Christ; & le S. Concile de Trente nous explique ceste doctrine en ces termes. *Il faut proposer la vie eternelle à ceux qui viuent bien iusques à la fin & qui ont esperance en Dieu,* COMME VNE GRACE QVI EST MISERICORDIEVSEMENT PROMISE AVX ENFANS DE DIEV PAR NOSTRE SEIGNEVR IESVS-CHRIST, *& comme vne recompense qui sera fidele-*

Bene operantibus vsque in finem & in Deo sperantibus proponenda est vita æterna &

Refutation du Catechisme du Sr. Ferry.

tamquam gratia filijs Dei per Iesum Christum misericorditer promissa, & tanquam merces ex ipsius Dei promissione bonis ipsorum operibus & meritis fideliter reddenda. Sess. 6. c. 16.

ment renduë à leurs bonnes œuures & à leurs merites EN VERTV DE LA PROMESSE DE DIEV. Tellement que nous n'auons aucun droit que celuy qui nous est acquis par ceste promesse de grace que le Sang de Iesus-Christ à ratifiée, & que le Pere nous à faite à cause de luy.

Mais nos Aduersaires obiecteront que nos Docteurs ne l'entendent pas de la sorte, qu'ils enseignent vn merite de condignité, & vne certaine proportion entre la vie eternelle & nos bonnes œuures; & qu'ils regardent la recompense qui nous est donnée plustost comme vne debte que comme vne grace. C'est-là le plus grand sujet de leurs inuectiues, & cepandant nous ne disons rien que des personnes raisonnables puissent contester

Du merite que l'école appelle de condignité.

Nous croyons qu'il y à quelque sorte de proportion entre la vie eternelle & les bonnes œuures, telle qu'elle est entre les moiens & la fin, entre la semence & le fruit, entre le fondement & l'edifice, entre le commancement & la perfection.

Nos Aduersaires ne nieront pas que l'ouurage de nostre regeneration ne comprenne tous ces merueilleux changemens qui se doiuent faire en nous par l'esprit de Dieu depuis la grace du S. Baptesme iusqu'à la glorieuse Resurrection. Car la fin de tout cét ouurage, c'est de nous rendre semblables à nostre Sauueur. C'est pourquoy le S. Esprit répandu sur nous opere continuellement en l'homme fidele, y formant peu à peu Iesus-Christ: Il commance sur la terre, & il n'acheue que dans le Ciel; tellement que nous pouuons dire que la grace qui agit en nous c'est la gloire commancée, & que la gloire c'est la grace consommée. Delà vient que le Fils de Dieu nous promet vne eau *qui iaillit à la vie eternelle* ; c'est la grace qui tend Ioan. 4. à la gloire, & qui venant du Ciel va chercher sa perfection dans le Ciel.

D'auantage, les vertus Diuines que le S. Esprit fait en nous, comme la foy, l'esperance & la charité, s'atachent à Dieu d'vne telle ardeur qu'elles ne peuuent gouster que luy seul, il les à faites d'vne nature si noble, & d'vne si vaste capacité qu'il ne luy est pas possible de les satisfaire à moins qu'il se donne luy mesme.

Ces verités estans supposées, dire que Dieu doit la vie eternelle aux œuures qu'il produit en nous par la grace, c'est dire qu'il se doit cela à luy mesme, d'accomplir l'ouurage qu'il à commancé, d'acheuer le merueilleux edifice dont il à posé les fondemens, de contenter les desirs qu'il à inspirez, & de rassasier vne auidité qu'il à faite ; est-il rien plus digne de sa sagesse?

Enfin, il y a grande difference de considerer l'homme en qualité d'homme, & l'homme comme membre de Iesus-Christ. Car lors que les fideles agissent comme membres de Iesus-Christ, leurs actions appartiennent à I. C. mesme, parce qu'elles viennent de la vertu qu'il répand en eux, c'est à dire de son esprit, qui les preuient, qui les suit, qui les accompagne, qui fait qu'elles sont actions Diuines, & desquelles par consequent la dignité ne peut estre assez exprimée.

Con. Trid. sess. 6. c. 16.

On peut comprendre par ces principes tout ce que nous croyons du merite. Il faut premierement poser l'action, c'est à dire l'operation libre de nos volontez apres que la grace les à deliurées; Secondement la dignité de l'action qui vient toute de Iesus-Christ comme nous l'auons assez expliqué; & enfin la promesse Diuine sur laquelle est appuiée nostre confiance, parceque le veritable fidele ayant perseueré iusques à la fin dans la foy qui agit par la charité, & ayant par ce moyen accompli la loy selon la mesure de cesté vie à la maniere que nous auons exposée, peut dire qu'en vertu de ceste promesse il à droit sur l'heritage celeste.

celeste. C'est ce que nos Theologiens appellent merite de condignité. Ie ne pense pas que nos Aduersaires trouuent rien à reprendre en la chose ; & il n'est pas bien seant à des Chrétiens de se debatre pour des paroles : & moins encore pour cellecy dont le Concile de Trente ne se sert pas, & qui n'est vsitée en l'école, que pour exprimer auec plus de force la valeur & la dignité que le merite de Iesus-Christ donne aux bonnes œuures.

Ceste doctrine fait bien entendre ce que S. Augustin nous à enseigné par l'authorité des lettres sacrées, que la vie eternelle est donnée aux œuures, & neantmoins qu'elle ne laisse pas d'estre grace. Elle est donnée aux œuures parceque Dieu rendra à chacun selon ses œuures. *Apoc. 22.* Et cependant il est certain que c'est vne grace, parce qu'elle nous est promise par grace : elle nous est preparée dés l'eternité par la grace de celui qui nous à choisis en Iesus-Christ afin que *Eph. 1.* nous fussions Saints ; les bonnes œuures qui nous l'acquierent ne sont point en nous comme par nous mesmes, mais nous y sommes *Eph. 2.* *Ph. 2.* crées par la grace qui opere en nous le vouloir & le faire ; & si nous y persistons iusques à la fin, c'est par ce don special de perseuerance qui est le plus grand bienfait de la grace : si bien

V.

qu'il ne reste plus autre chose à l'homme sinon de se glorifier en nostre Seigneur, qui donne la vie eternelle aux merites, mais qui donne gratuitement les merites, selon ce que dit le Concile de Trente, que les merites sont des dons de Dieu.

Ainsi, comme remarque S. Augustin, qui finira ceste question apres l'auoir si bien commancée, tous les desseins de la prouidence se rapportent à ces trois choses : Car où Dieu rend le mal pour le mal, ou il rend le bien pour le mal, où il rend le bien pour le bien. Il rend le mal pour le mal, le supplice pour le peché, parce qu'il est iuste; il rend le bien pour le mal, la grace pour l'iniustice parce qu'il est bon; enfin il rend le bien pour le bien, la gloire eternelle pour la bonne vie, parcequ'il est iuste & bon tout ensemble. C'est pourquoy nous disons auec le Psalmiste, *O Seigneur ie vous chanterai misericorde & iugement*, parceque tous les ouurages de Dieu sont compris sous la misericorde & sous la iustice. La condannation des méchans est vne action de pure iustice, la iustification des pecheurs est vne pure misericorde, le couronnement des Saints est vne misericorde meslée de iustice, auec vn si iuste temperament, que l'vne ne diminüe point la gloire

Reddet omninò Deus & mala pro malis quoniã iustus est, & bona pro malis quoniam bonus est, & bona pro bonis quoniam bonus & iustus est. De grat. & lib. arb. c. 33.

Ps. 100.

Refutation du Catechisme du Sr. Ferry. 155

de l'autre, la iustice nous estant proposée pour nous releuer le courage, & la sainte misericorde pour fonder solidement nostre humilité.

Apres que nous auons fait voir clairement qu'elle est la pureté de nostre doctrine, reuenons à nos Aduersaires, & exhortons les en nostre Seigneur par les entrailles de la charité Chrétienne, qu'ils ouurent enfin les yeux à la verité, & qu'ils cessent de nous reprocher que nous nous confions en nous mesmes & non point au Fils de Dieu qui nous à aimez & qui à donné son ame pour nous. Laissons les disputes & les questions, laissons les contentions échaufées. Nous écouterons volontiers leurs pleintes ; qu'ils entendent aussi nos raisons en paix ; toutes leurs accusations seront refutées, si tost que nostre foy sera éclaircie.

CHAP. dernier. Conclusion de la 2. sectiõ. Iniustice du Ministre qui nie que nous ayõs nostre cõfiance en I. C.

Ils se pleignent que nous atribuons tout à nos bonnes œuures & que nous aneantissons la grace de Dieu. Mais nos Conciles ont determiné que nos pechez nous sont pardonnez par vne pure misericorde ; que nous deuons à vne liberalité gratuite la iustice qui est en nous par le S. Esprit, & que toutes les bonnes œuures que nous faisons sont autant de dons de la grace.

V ij

Mais il faut confesser, disent-ils, que Dieu ne nous approuue & ne nous reçoit qu'à cause de la iustice de I. C. & non point à cause de nos bonnes œuures. Nous les coniurons au nom du Sauueur qu'ils nous expliquent nettement qu'elle est leur pensée. Est-ce que Dieu en nous donnant la vie eternelle ne fait aucune consideration de nos bonnes œuures? A Dieu ne plaise que nous ayons vn tel sentiment de celuy dont il est écrit qu'il rend à chacun selon ses œuures. Certainement il les considere, puis qu'il les recompense & qu'il les couronne, & ie ne puis croire que nos Aduersaires veulent nier vne verité si constante. Mais peut-estre qu'ils veulent dire que les bonnes œuures ne sont point toute la raison pour laquelle Dieu nous considere, ou bien qu'il ne les considere elles mesmes qu'a cause de nostre Seigneur Iesus-Christ. Si c'est la tout ce qu'ils pretendent, ils ne disputent pas contre nous; nous confessons de tout nostre cœur ceste salutaire doctrine.

Dieu aime ses élus par vn double amour; il y à vn amour qui suit leurs œuures, & il y à vn amour qui preuient leurs œuures. *Mon Pere vous à aimés*, dit le Fils de Dieu, *parce que vous m'auez aimé*. Cét amour du Pere eternel

Ioan. 16.
ver. 27.

suit nos œuures ; Mais il y à vn autre amour qui les preuient. Car comme remarque S. Augustin, c'est Dieu qui fait en nous cét amour par lequel nous aimons son Fils, & il l'aime parce qu'il le fait ; mais il ne feroit pas en nous ce qu'il aime si auant que le faire il ne nous aimoit. D'ou il s'ensuit que les bonnes œuures ne peuuent pas estre tout le motif pour lequel Dieu nous fauorise, puisqu'il y à en Dieu vn amour qui est le principe des bonnes œuures.

Amorem itaque nostrum pium fecit Deus, & vidit quia bonū est ; ideo quippe amauit ipse quod fecit, sed in nobis non faceret quod amaret, nisi antequā id faceret nos amaret. Tract. 102 in Ioan.

D'auantage, nous ne croyons pas que lors que Dieu couronne les œuures, il termine son affection simplement aux œuures. Car apres le malheur de nostre peché, il est certain que la bōne vie ne nous auroit acquis aucun droit sur la couronne d'immortalité, si Dieu par sa bonté ne l'auoit promise à cause de nostre Seigneur I. C. comme dit le Concile de Trente, & si en consequence de ceste promesse il n'agréoit au nom de son Fils les bonnes œuures que nous faisons. C'est pourquoi le mesme Concile parlant des œuures de penitence dit, qu'elles tirent de I. C. toute leur vertu : que c'est luy qui les offre à son Pere ; qu'en luy elles sont reçeües par son Pere. Tellement que nous confessons que Dieu ne nous aime qu'en I. C. qu'il ne nous considere qu'en Iesus-Christ, qu'il ne reçoit nos œuures que par I.

Ab ipso vim habent, per ipsum offeruntur Patri, per ipsum acceptantur à Patre. sess. 14. c. 8.

V iij

Chrift. Vne profeſſion de foy ſi ſincere, ne ſurmontera-telle iamais l'opiniaſtreté de nos Aduerſaires?

Mais ils ne ſeront pas ſatisfaits de nous iuſqu'à ce que nous diſions auec eux que toute la iuſtice des élûs de Dieu n'eſt que ſoüillure & iniquité: C'eſt ce que nous ne pouuons accorder, & nous les coniurons en noſtre Seigneur qu'ils ceſſent d'outrager l'eſprit de la grace, ſe ſouuenans que ceſte iuſtice vient de I. C. & que c'eſt Dieu meſme qui la fait en nous. A Dieu ne plaiſe que nous croions que I. C. amenant ſes élûs au Pere, ne luy preſente que des ordures qu'il aura laiſſées, & non point vne iuſtice qu'il aura faite. Car ſi ſon eſprit ſaint agit en nos cœurs, qu'eſtce qu'il y peut former ſinon la iuſtice? Or la iuſtice qui n'eſt telle que deuant les hommes, n'eſt autre choſe qu'vne hypocriſie. Donc la iuſtice des predeſtinez ſera iuſtice meſme aux yeux de Dieu.

Sus. cha. *10. & 11.*
Et certes il ne meurt aucun des élûs dans lequel la grace de Dieu n'ait affermi le regne de la charité ſur la conuoitiſe ainſi qu'il à eſté expliqué ailleurs; Par conſequent ces pechez enormes qui éteignent la charité ne ſe rancontrent plus en leurs ames, & leurs affections ſont dans vn bon ordre parce qu'ils meurent ata-

chés à Dieu. Telle est la iustice des predestinez. Mais ils n'auront pas pour cela dequoi se glorifier en eux mesmes parceque Dieu qui les trouuera iustes, les trouuera tels qu'il les à faits, & il ne couronnera que ses propres dons.

Cessez donc de nous reprocher, nos chers freres, que nous établissons les merites pour nous éleuer contre Dieu. Si nous presumions des merites, dirions nous tous les iours à Dieu dans l'auguste sacrifice de nos Autels, *Donnez ô Seigneur Tout puissant, à nous miserables pecheurs qui esperons en la multitude de vos misericordes, quelque part & societé auec vos bien-heureux Apostres & Martirs, au nombre desquels nous vous prions de nous receuoir, ne pesant point nos merites, mais vsant de grace, enuers nous au nom de nostre Seigneur Iesus Christ.* *Intra quorum nos consortiū non æstimator meriti, sed veniæ que sumus largitor admitte, per Christum Dñm nostrum.* Est-ce là s'enfler de ses propres merites ? Et quelle est l'infidelité de vostre Ministre quand il assûre dans son Catechisme que l'on *Pag. 109.* à fait rayer comme autant d'heresies de l'ordre de baptiser & de la maniere de visiter les malades, ces salutaires protestations que faisoient nos Peres d'esperer la gloire eternelle, non point par leurs propres merites, mais par les merites de Iesus-Christ ? si l'Eglise les à rayées de ses Rituels comme des heresies, d'ou vient qu'elles les laisse comme saintes dans son sacrifice ?

Que si peuteſtre l'on s'imagine que ceſte priere de l'Egliſe déroge aux merites, l'on ne cóprend pas bien son intention. Nous croions qu'il y à des merites, mais aucun de nous en particulier n'oze preſumer qu'il en ait : car en ce lieu de tentation nous ſommes ſi fort enclins à l'orgueil, qu'il eſt expedient pour noſtre ſalut que Dieu nous cache à nous meſmes les biens qu'il nous fait. Ainſi tant que nous ſommes en ceſte vie, bien loin de vanter nos merites, comme faiſoit cét arrogant Phariſien, nous nous proſternons deuant Dieu à l'exemple du S. Prophete, & nous eſperons le flechir à cauſe de ſes grandes miſericordes. D'autant plus, que ſentans noſtre infirmité, nous ſçauons bien qu'il eſt impoſſible que nous perſeuerions iuſques à la fin parmi tant de difficultez que nous rencontrons dans la voye étroite, ſi la grace ne nous ſouſtient par vne influence continuelle ; De ceſte ſorte les enfans de Dieu luy demandent la vie eternelle comme vne pure liberalité, parce que ſi c'eſt la iuſtice qui les y reçoit en ſuite de la promeſſe Diuine, c'eſt la miſericorde qui les y conduit par Ieſus-Chriſt noſtre Sauueur.

Quelle eſt donc l'iniuſtice de nos Aduerſaires qui diſent que c'eſt la preſomption qui nous
à enſeigné

à enseigné le merite? Comment la presomption la-t elle enseigné puisque telle est la nature de ce merite, qu'il se perd tout entier si tost qu'on presume? *l'Eglise à des merites*, dit S. Bernard, *mais pour meriter, non pour presumer*.

Si nous presumions des merites reconoistrions nous qu'ils nous sont donnez, l'Apostre S. Paul disant, *si tu as receu dequoy peux tu te glorifier*? Si donc nous confessons humblement auec le S. Concile de Trente que les merites nous sont donnez, il est clair que nous ne voulons pas glorifier l'homme, & si nous ne voulons pas glorifier l'homme il paroist que nous auons dessein de glorifier Dieu par nostre Seigneur Iesus-Christ.

C'est ce que nostre Concile témoigne en ces termes. *Nous qui ne pouuons rien par nous mesmes, nous pouuons tout auec celuy qui nous fortifie: Ainsi l'homme n'a pas dequoy se glorifier*, MAIS TOVTE NOSTRE GLOIRE EST EN IESVS-CHRIST; *en luy nous viuons, en luy nous meritons, en luy nous satis-faisons, faisans des fruits dignes de penitence, lesquels tirent de luy leur vertu, par luy sont presentez à son Pere, en luy sont agréez par son Pere*.

Comment donc osez vous dire, ô Ministre, qu'il n'est plus permis de mourir en l'Eglise Romaine en se fiant és seuls merites de Iesus-Christ? Quoy

Habet merita, sed ad promerendū, non ad præsumendum.
ser. 68. in cant.

1. Cor. 4.
Sess. 6.
c. 16.

Sus. ch. 13.

Nam qui à nobis tamquam ex nobis metipsis nihil possumus, eo cooperante qui nos confortat omnia possumus: ita non habet homo unde glorietur, sed

X

omnis no- ne nous est-il pas permis de dire en mourant
stra glo- ce que l'Eglise dit tous les iours dans son sa-
riatio in crifice, *Seigneur, ne pesez point nos merites, mais*
Christo est *sauuez nous par grace au nom de Iesus-Christ*? Ne
&c. sess. nous est-il pas permis de mourir en la foy du
14. c. 8. Concile de Trente, qui dit que nous n'auons
pag. 113. pas dequoi nous glorifier en nous mesmes,
mais toute nostre gloire est en Iesus-Christ?
Certes nous esperons de mourir en ceste sainte & salutaire pensée; nous dirons & viuans &
mourans que Iesus-Christ est toute nostre gloire, par consequent tout nostre salut, tout nostre appui, toute nostre confiance.

  Et ne nous opposez pas ainsi que vous faites, que *nous croions estre sauuez par quelque autre*
Pap. 113. *chose*. Car ce reproche est peu raisonnable. Il
est vray que nous confessons, & c'est vne maxime tres indubitable, que plusieurs choses
cooperent à nostre salut, ou plutost que par la
grace de Dieu toutes choses cooperent à nostre salut: mais nous auons nostre esperance
en Iesus-Christ seul, parceque tout ce qui con-
tribüe à nous sauuer, n'a de force ny de valeur
que par ses merites.

  Ie n'estime pas auoir assez fait en refutant
vos objections par des raisons si claires & si euidentes, il faut encore que vous soiés condan-

né par la doctrine de vos collegues. Ecoutés voſtre confrere D'aillé parlant de vos amis les Lutheriens en ſon Apologie cha. 9. *Quand, dit-il, ſelon les loix du diſcours, il s'enſuiuroit legitimement & neceſſairement de l'opinion des Lutheriens qu'il faille adorer le Sacrement, touſiours me ſuffit-il pour ne pas abhorrer leur communion, qu'ils ne tiennent pas ceſte conſequence, mais au contraire la reiettent auec moy;* & il adjouſte encore en ce meſme lieu, *que ce ſeroit* VNE EXTREME INIVSTICE *de la leur imputer.* Et dans la lettre à Mōſieur de Monglat faite ſur le ſujet de ſon Apologie; *Encore,* Pag. 16. dit-il, *que l'opinion des Lutheriens ſur l'Euchariſtie induiſe ſelon nous, auſſi bien que celle de Rome, la deſtruction de l'Humanité de Ieſus-Chriſt, ceſte ſuite neantmoins ne leur peut eſtre miſe ſus* SANS CALOMNIE, *veu qu'ils la rejettent formellement.* Appliquez ce raiſonnement à la matiere ou nous ſommes, & vous y verrés voſtre condannation.

Vous dites que nous ne mettons pas noſtre confiance aux ſeuls merites de I. C. Nous enſeignons poſitiuement le contraire. Vous ſoutenez que noſtre creance ne le permet pas, vous taſchez de le prouuer par des conſequences que vous tirez de noſtre doctrine; nous les rejettons, nous les deſauoüons, nous les deteſtons. Vous ne pouuez donc nous les imputer, SANS

X ij

VNE EXTREME INIVSTICE, ET SANS CALOM-
NIE. Vous nous les imputez toutefois, & c'est
la principale raison par laquelle vous ne craignez pas de nous condamner. Donc selon les
principes de vos collegues la sentence que vous
prononcez contre nous est fondée sur vne calomnie manifeste, & donnée par vne extréme
iniustice.

Ainsi nonobstant vos oppositions, il est vrai
que nous pouuons & viure & mourir dans ceste
bienheureuse esperance qui s'appuie sur Iesus-
Christ seul, & si ceste confiance à sauué nos
Peres comme vostre Catechisme l'enseigne, il
resulte clairement de vostre discours que nous
pouuons atandre la vie eternelle dans la communion de l'Eglise Romaine.

Pag. 113. Mais elle ne permet pas dites vous, *de mourir auec assurance de son salut*, & par là vous taschez de nous faire entendre que nostre confiance n'est pas assez forte. Répondons en peu de pa-roles à ceste objection que vous faites dans le dessein de mettre quelque difference entre nos Ancestres & nous.

Qui licet de perseue-rantiæ suæ præmio se-curi sint de ipsâ ta-
Nous auons l'assurance de nostre salut telle que l'ont tousiours eüe les enfans de Dieu, *les-quels certes*, dit S. Augustin, *quoy qu'ils soient in-failliblement assurez du prix de leur perseuerance, tou-*

tefois ils ne sont pas asseurez de leur perseverance.

Nous auons l'assurance de nostre salut telle que l'a preschoit Saint Bernard, *Qui est celuy qui peut dire ie suis des élûs, ie suis des predestinez à la vie, ie suis du nombre des enfans ?* & apres, *nous n'en auons pas la certitude, mais la confiance nous console, de peur que nous ne soyons tourmentez par l'anxieté de ce doute.*

Ie produis ces deux grands hommes à nostre Aduersaire, parcequ'il les appelle Saints dans son Catechisme, afin qu'il conoisse par leur témoignage que nous auons l'assurance d'estre sauuez telle que l'ont eüe les hommes de Dieu & les Saints Docteurs de l'Eglise. Apres quoy ie ne voy rien de plus ridicule que d'apporter comme vn empeschement de nostre salut, ceste incertitude modeste en laquelle la bonté de Dieu laisse les élus pour les rendre plus humbles & plus diligens. Au contraire Saint Augustin nous aprend qu'il importe pour nostre salut que nous ne sçachions pas ce secret, *parce qu'en ce lieu de tentation, l'infirmité est si grande que la certitude infaillible peut facilement engendrer l'orgueil.*

Mais finissons enfin ce discours par ce raisonnement inuincible qui découurira manifestement deux insignes faussetez du Mini-

men perseuerantiâ reperiutur incerti lib. 11. de Ciu. Dei c. 12. Quis dicere potest ego de electis sũ ego de prædestinatis ad vitam ? certitudinem vti que nõ habemus, sed spei fiducia consolatur nos ne dubitationis huius anxietate penitus cruciemur. serm. 1. de septuag. Quis enim ex multitudine fideliũ quãdiu in hac mortalitate viuitur, in numero prædestinatorum se

X iij

esse præsu-
mat quia
id occulta-
ri opus est
in hoc loco
&c. Qua
præsumptio
in isto ten-
tationum
loco nõ ex-
pedit, vbi
tãta est in-
firmitas,
vt super-
biam pos-
sit genera-
re securi-
tas. De
corr. &
grat. c. 13.
Pag. 44.

stre. Il accuse le Concile de Trente d'auoir établi vne nouuelle doctrine touchant la iustification & les bonnes œuures. Cependant il paroist sans difficulté qu'elle à esté de point en point enseignée il y à plus de douze cents ans par le plus celebre de tous les Docteurs, auec l'applaudissement de toute l'Eglise. Il adjouste que ceste doctrine détruit le fondement de la foy, c'est à dire la confiance en Iesus-Christ seul. Toutefois il n'est pas assez temeraire pour accuser S. Augustin d'vn crime si enorme; au contraire il declare en termes formels qu'il ne trouue rien en sa foy qui puisse donner vne iuste cause de separation. Ainsi l'authorité de S. Augustin nous est vn rempart asseuré. Car si nostre foy est la sienne; il est clair on ne se doit pas separer de nous, puisqu'on n'ose se separer de S. Augustin. Que s'il y à de l'iniustice à se separer, il y en à bien plus à nous condanner: Tellement que les maximes de nostre Aduersaire sont la iustification de l'Eglise. C'est ainsi que la nouueauté est forcée par vne secrete vertu à venir rendre témoignage à l'antiquité; c'est ainsi que l'vnité sainte est honorée mesme par le schisme.

SECONDE VERITÉ
QV'IL EST IMPOSSIBLE DE se sauuer en la Reformation Pretendüe.

Vsques ici nostre innocence s'est defendüe contre les accusations du Ministre; nous deuions ceste iuste defense à la sainteté de l'Eglise qui estoit ataquée par ses calomnies: Maintenant la charité nous oblige de faire conoistre à nos Aduersaires le peril euident de leurs ames, & combien leur perte est ineuitable s'ils ne retournent à la communion de l'Eglise en laquelle leurs Peres ont esté sauuez, & qui est tousiours preste à les receuoir auec des entrailles de Mere.

CHAP. I. Que selõ les principes du Ministre les premiers Autheurs de la reformation pretédüe sont des Schismatiques.

Pour expliquer mon raisonnement auec ordre, ie pose ces trois maximes fondamentales. Premierement ie dis qu'il est impossible de faire son salut dans le schisme. Car nous entendons par le mot de *schisme* vne iniuste separation: Or ceste iniuste separation est incompa-

tible auecque la charité fraternelle; par consequent tous ceux qui sont dans le schisme tō-
bent en ceste iuste malediction que l'Apostre
S. Iean prononce, *celuy qui n'aime pas son frere demeure en la mort: tout homme qui hait son frere est homicide.*

1. Ioan. 3.

 Secondement il est asseuré que iamais il ne peut estre permis de se separer de la vraye Eglise, & bien moins quand elle sera reconüe pour telle, parceque l'Eglise estant le lieu d'vnité, tous ceux qui se retirent de la vraie Eglise, violent visiblement le sacré lien de la fraternité Chrétienne.

 Ie pose pour troisiéme maxime qu'vne Eglise demeure tousiours veritable Eglise tant qu'elle peut engendrer des enfans au Ciel. Car il n'appartient qu'à la vraie Eglise de donner des freres à Iesus-Christ & des heritiers au Pere celeste. L'Eglise ne conçoit que de son Epoux qui la rend feconde par son Esprit saint; & ainsi tant quelle engendre des enfans à Dieu, elle est pleine du S. Esprit, Iesus-Christ la traite tousiours en Epouse, elle est donc par consequent veritable Eglise.

 Ces veritez estant supposées ie soutiens que nos Aduersaires ne peuuent excuser leur separation, & que les principes qu'ils nous accordent,

dent, monstrent que les premiers autheurs de leur secte, n'ont pas esté des reformateurs, mais de tres dangereux Schismatiques qui se sont separez de la vraie Eglise. C'est ce qu'il m'est aisé de prouuer par ce raisonnement inuincible.

Le Ministre est conuenu auec nous que iusqu'à l'an 1543. on pouuoit obtenir la vie eternelle en la communion de l'Eglise-Romaine; elle estoit donc encore veritable Eglise selon les maximes que i'ay posées. Et toutefois il est asuré que long temps auant ceste année nos Aduersaires s'estoient separez, & auoient abandonné sa cōmunion. Par consequent ces Reformateurs pretendus estoient des rebelles & des Schismatiques, qui fuioient la cōmunion d'vne Eglise, laquelle conduisant ses enfans au Ciel monstroit bien par sa sainte fecondité qu'elle estoit encore l'Eglise de Dieu. En effet le Catechiste remarque luy mesme que les fondemens de la foy y estoient entiers, & que les fideles y pouuoient faire leur salut à cause de la sincere confiance que l'Eglise ceste bonne mere les obligeoit d'auoir en Iesus-Christ seul.

Ce raisonnement iette l'heresie auec ses Ministres dans vne confusion necessaire: & ie pense qu'elle n'a iamais paru plus visible que dans le Catechisme que nous refutons. Le Sr. Ferry

Sus sect. 1. ch. 1.

Sus sect. 1. ch. 4. 5. & 6.

Y

ne peut se resoudre sur ceste importante difficulté, sçauoir si les premiers qui ont embrassé la reformation pretenduë, en sortant de la cōmunion de l'Eglise Romaine, l'ont quittée volontairement, ou s'ils en ont esté chassez par la force. Mais qu'il resolue d'eux ce qu'il luy plaira, nous auons tousiours dequoy les conuaincre. S'ils se sont retirez volontairement de la communion d'vne vraie Eglise en laquelle on pouuoit se sauuer, il paroist manifestement qu'ils sont Schismatiques selon les maximes que i'ai posées : & quand mesme nous accorderons qu'on les à chassez, ils n'éuiteront pas leur condannation. Car la communion de l'Eglise est si necessaire, qu'ils deuoient tousiours demeurer vnis encore qu'on taschast de les éloigner. Et ie ne dis pas ici à nos Aduersaires vne chose qui doiue leur estre inconuë. L'Eglise Lutherienne les excōmunie, toutefois parce qu'ils la croient vne vraie Eglise, ils pensent estre obligez de s'vnir à elle ; ils luy tendent les bras quoy qu'elle les chasse, & ils entrent en son vnité autant qu'ils le peuuent. Si donc l'Eglise Romaine estoit vraie Eglise, puisque selon la confession du Ministre elle portoit en son sein les enfans de Dieu, quelque violence qu'on fist aux Reformateurs prétendus, iamais ils ne deuoient rompre de leur part le lien de la communion Ecclesiastique.

Mais au contraire ils ont émû toute la querelle, ils se sont separez les premiers, ils ont fait de nouuelles Eglises, ils ont établi vn nouueau seruice; & pour monstrer que non seulement ils fuioient, mais encore qu'ils auoient en horreur la communion de l'Eglise Romaine, ils ont publié par toute l'Europe que sa doctrine estoit sacrilege, & que son seruice estoit vne idolatrie; qu'elle estoit le Royaume de l'Antechrist & la Babilone de l'Apocalypse en laquelle on ne pouuoit demeurer sans resister à ce commandement de Dieu, *sortez de Babylone mon* *Apoc.* 18. *peuple.* Certes on ne les contreignoit pas de parler ainsi: donc ils n'ont pas esté chassez par la force, mais ils se sont retirez volontairement. Cependant l'Eglise Romaine estoit encore la vraie Eglise, puisque selon les principes du Catechiste les fideles de Iesus-Christ y pouuoient mourir sans preiudice de leur salut.

C'est ce qui iette le Sr. Ferry dans vne étrange contradiction. Car d'vn costé il dit nettement *qu'il faut extirper le membre pourri, comme l'Eglise à tousiours pratiqué excommuniant les heretiques ou se soustraiant de leur communion*; & que l'on ne pouuoit abandonner l'ouurage de la

Pag. 127.

Pag. 46. & 67. reformation sans desobeir au commandement ; sortez de Babylone mon Peuple : ce qui prouue la necessité de se separer. Mais reconoissant en sa conscience que iamais il ne peut estre permis de se retirer de la vraie Eglise telle qu'estoit l'Eglise Romaine puisqu'il auoüe que les fideles s'y pouuoient sauuer, il est obligé de répondre que ses Peres vouloient demeurer en son vnité si on ne les en eust retranchez ; Pag. 138. chassez & poursuiuis, dit il, nous auons esté contreins de nous separer, & encore plus clairement, ils ont Pag. 131. plustost esté chassez, qu'ils ne sont sortis. Car ils entendoient auec S. Augustin ce commandement, retirez vous, sortez de la, ne touchez point à choses soüillées, D'VN DEPART SPIRITVEL ET D'VN DETACHEMENT DE COEVR. C'est aussi l'exposition qu'on donnoit d'ancienneté à Metz à cét autre commandement de sortir de Babylon, à sçauoir non en corps, mais en esprit.

Il est digne d'obseruation que le Catechiste confesse que ses predecesseurs entendoient ces paroles, retirez vous, sortez delà, dans le mesme sens qu'on donnoit auant la reformation pretendüe à ce commandement de l'Apocalypse, sortez de Babylone mon peuple. Or il remarque en vn autre lieu que nos Peres qui viuoient alors en la communion de l'Eglise Romaine, croioient satisfaire à ce precepte, s'ils ne participoient Pag. 88. pas aux pechés de ceux parmi lesquels il viuoient sans qu'il leur fust besoin de s'en separer autrement, c'est à dire de se separer de communion : En effet le Ministre auoüe qu'ils mouroient en la communion de l'Eglise Romaine. Par consequent il nous fait bien voir que ceux qui ont suiui les premiers la reformation pretendüe, consentoient de demeurer vnis auec nous en la communion de l'Eglise Romaine, encore qu'ils preschassent par toute la terre qu'elle estoit la Babylone maudite, & la prostituée de l'Apocalypse. O heresie confuse en ses iugemens ! ô desordre & contradiction de l'erreur !

Et que le Ministre ne réponde pas qu'ils seroient demeurez en l'Eglise à condition qu'elle se seroit reformée selon les maximes qu'ils luy proposoient. Car il dit, *qu'ils entendoient ce commandement, retirez vous, d'vn détachement de cœur.* C'estoit donc leur intention de viure en l'Eglise liez auec elle de communion, & toutefois détachez de cœur. Ainsi ils ne la regardoient pas comme reformée, mais toute corrompüe qu'ils la supposoient, ils vouloient demeurer en sa communion, pourueû qu'ils en pussent retirer leur cœur, ce qui enferme vne doctrine contradictoire, digne certes des ennemis de la verité.

Y iij

Qu'elle estrange confusion de pensées ? S'il est vrai que l'Eglise Romaine estoit la Babylone dont parle S. Iean, si c'est d'elle qu'il est écrit *sortez de Babylone mon peuple*, estoit-il besoin d'employer la force pour en éloigner les fideles, & d'où vient que la parole de Dieu ne suffisoit pas ? Mais le Ministre s'est bien apperceu qu'elle ne pouuoit pas estre ceste Babylone, puis-qu'elle donnoit encore des enfans à Dieu. Car en qu'elle écriture nous lira t'il que la prostituée de l'Apocalipse, engendre les enfans legitimes, & les conserue en son sein iusques à la mort ? Ainsi pressé en sa conscience & non point persuadé par la verité, il tombe necessairement en des contradictions manifestes. O heresie tousiours chancelante, tousiours incertaine, qui n'oze dire ny qu'elle vouloit demeurer, ny qu'elle est sortie volontairement, de peur d'estre contreinte de confesser & sa rebellion & son schisme. Eueillez vous enfin, ô pauures errans, voyez le Triomphe de la verité dans le desordre de vos Ministres, & dans vos réponses contradictoires. Si vos Peres ont esté Schismatiques en se separát de la vraie Eglise qui conduisoit à Dieu ses enfans, vous qui entreprenez leur défense, vous qui persistez dans leur schisme, vous attirez sur vous leur condamnation. Retournez donc à l'vnité sainte qui à sauué nos pieux Ancestres ainsi que vostre Ministre le reconoist. Enfans des Schismatiques, reuenez à la Mere des Orthodoxes.

L'Vnité Catholique doit estre ancienne, & par consequent le schisme est tousiours nouueau. Ainsi la nouueauté visible de nos Aduersaires les fait reconoistre pour Schismatiques, & monstre que l'Eglise n'est point parmi eux parcequ'elle ne peut iamais estre dans la nouueauté.

La force de ce raisonnement est fondée sur ces trois propositions que i'entreprens de prouuer par ordre; Que la durée de l'Eglise est perpetuelle ; Que ceste Eglise perpetuelle doit estre visible, & que le Ministre l'auoüe dans son Catechisme; Que l'Eglise pretendüe reformée prononce elle mesme sa condannation, parcequ'elle confesse sa nouueauté. Pour entendre solidement ces trois verités il faut que nous remontions iusques au principe, & que nous considerions les desseins de Dieu dans l'établissement de l'Eglise.

Nous disons que l'Eglise à esté fondée pour estre le lieu de concorde auquel il plaist à nostre grand Dieu d'vnir les choses les plus éloi-

CHAP. 2. De la durée perpetuelle de l'Eglise visible ; que le Ministre la reconoist & que l'Eglise pretendüe reformée confesse sa nouueauté & pronóce sa condānation.

gnées; d'ou il s'enfuit manifeftement que fa durée n'a point de limites non plus que fa grandeur & fon étendüe; & comme felon les anciennes Propheties il n'y à point de mers ny de nations qui puiffent borner fes conqueftes, auffi n'y aura-til aucun temps qui la voie iamais ruinée. Car de mefme que la foy de l'Eglife doit vnir en noftre Seigneur Iefus-Chrift toutes les contrées de la terre, elle doit auffi vnir tous les temps: De forte que ceux là s'aueuglent volontairement qui nient que fa durée foit perpetuelle.

Et certes les écritures Diuines nous reprefentent deux fortes de fiecles, le fiecle prefent & le fiecle futur. Ce dernier à fon étandüe pendant toute l'eternité; le premier ne fe finira qu'à la refurrection generale. Il faut que IESVS regne en l'vn & en l'autre: & le Royaume qu'il à fur la terre eft l'image de fon Royaume celefte. De mefme donc que le Fils de Dieu fera eternellement beni dans le Ciel, auffi ne ceffera-t il iamais d'auoir des adorateurs fur la terre. Or il eft certain par les faintes lettres que Dieu ne reçoit les adorations que dans fon Temple qui eft l'Eglife. Ainfi elle fera toufiours en ce mode iufques au dernier iugement. C'eft pourquoy les Prophetes ont dit & les Apoftres l'ont
confirmé

confirmé que le regne de Iesus-Christ n'auroit point de fin, parceque l'écriture nous monstrant deux siecles dans lesquels le Fils de Dieu doit regner, il faut necessairement que son regne remplisse la durée de l'vn & de l'autre.

Si nous voulons maintenant conoistre que ceste Eglise perpetuelle doit estre visible, laissons les coniectures humaines, & iugeons des qualitez de l'Eglise par l'intention de celuy qui l'à instituée. *Visibilité de l'Eglise*

Deux raisons ont obligé le Sauueur du monde à luy donner vne forme visible. L'vne de ces raisons regardoit les hommes; l'autre, l'établissement de sa propre gloire.

Si nous estions de ces intelligences celestes lesquelles estant degagées de toute matiere viuent d'vne pure contemplation, il ne seroit pas necessaire de nous vnir autrement qu'en esprit: mais puisque nous sommes des hommes mortels, il estoit certainement conuenable, que la prouidence Diuine liast nostre communion par quelques signes sensibles.

Mais la principale raison c'est que Iesus-C. fondant son Eglise, veut que sa doctrine y soit professée pour y estre glorifié comme dans son Temple deuant Dieu & deuant les hommes. C'est pourquoy il l'a mise sur la montagne pour

Z

attirer les infideles ou pour les confondre.

Delà vient qu'il l'a reuestue de signes externes qui ne permettent pas qu'elle soit cachée. Il luy à donné ses Saints Sacremens qui sont les sceaux sacrez de la communion des fideles, par lesquels nous portons en nos corps les liurées de Iesus-Christ nostre Capitaine: Il y à établi des Pasteurs, & vne forme de gouuernement qui vnit tout le corps de l'Eglise.

Le Fils de Dieu, le Verbe eternel, inuisible par sa nature, voulant estre le chef de l'Eglise à daigné se rendre sensible à nos yeux en se reuestant d'vne chair humaine; & pendant le cours de sa vie mortelle, il à assemblé prés de sa personne vne sainte societé à laquelle il à ordonné de s'étendre par toute la terre; c'est ce qu'il à appellé son Eglise, c'est à dire vne assemblée de fideles qui doit confesser son nom & son Euangile; par consequent il veut qu'elle soit visible.

De ceste Eglise ainsi établie, Iesus-Christ la parole du Pere qui porte toutes choses par sa puissance, à dit & prononcé dans son Euangile que iamais elle ne seroit renuersée. *Les portes* *Matt. 16. d'enfer*, dit-il, *ne preuaudront point contre elle*. Aussi malgré les persecutions & les heresies, c'est à dire malgré la fureur du diable & ses artifices, ceste Eglise appuyée sur ceste parole demeure

& demeurera toufiours immobile.

Ie m'étendrois d'auantage à prouuer cefte verité, fi le Miniftre non content de la con- *Pag. 29.* feffer ne l'auoit luy mefme prouuée par ces trois raifons. La premiere, c'eft que Iefus-Chrift eftât preft de retourner à fon Pere, & enuoiant fes Difciples par toute la terre pour enfeigner & baptifer les nations, ce qui regardoit le Miniftere vifible de l'Eglife, adjoufte auffi toft apres pour en monftrer la durée perpetuelle, *Ie fuis* *Matt. 28.* *toufiours auec vous iufqu'à la fin du monde.* La feconde c'eft que l'Apoftre S. Paul parlant du Sacrement de la fainte Table dit que *la mort du* *1. Cor. 11.* *Seigneur y eft annoncée, iufqu'à ce qu'il vienne.* La troifiéme eft prife du mefme Apoftre & expliquée dans le Catechifme en ces termes, *il dit* *Pag. 29.* *que l'œuure du Miniftere & l'affemblage des Saints & l'édification du Corps de Chrift fe continuera iufqu'à ce que nous foyons tous paruenus à la perfection d'iceluy,* c'eft à dire que le nombre des éleus de Dieu foit accompli & que l'Eglife foit acheuée.

Il prouue par ces trois raifons que *le Mini-* *Pag. 29.* *ftere de la Religion Chrétienne doit durer iufqu'à la fin du monde.* Or il eft clair que ce Miniftere comprend l'établiffement des Pafteurs, & l'vfage de la predication & des Sacremens. Ainfi comme c'eft par ces trois moyens que l'Eglife

Z ij

Chrétienne est renduë visible, il faut necessairement qu'il auoüe qu'elle l'est & le sera sans interruption iusqu'à ce que le Fils de Dieu vienne pour iuger les viuans & les morts ; si bien qu'il resulte de son discours que c'est à l'Eglise visible que la durée perpetuelle a esté promise, & par là ceste imagination d'Eglise inuisible, qui est l'vnique asile de nos Aduersaires, est manifestement refutée par les principes de leur Ministre.

Que si la durée de l'Eglise visible est perpetuelle, il paroist plus clair que le iour qu'elle doit s'étendre dans tous les siecles par vne continuelle succession ; & en effet le Ministre auoüe que *l'œuure du Ministre* SE CONTINVERA *iusqu'à ce que le nombre des élûs soit accompli.*

Delà vient que toutes les veritables Eglises sont Apostoliques, parce qu'elles sont toutes descenduës des Eglises Apostoliques par vne succession non interrompuë ; & ainsi elles sont reputées de la mesme race. *Vne race*, dit Tertulien, *se doit rapporter à son origine.* C'est pourquoy toutes les Eglises ne sont que ceste Eglise vnique & premiere que les Apostres de Iesus-Christ ont fondée. Elles sont toutes premieres Apostoliques, parce qu'elles se sont associées à la mesme vnité, & qu'elles ont le mesme principe.

Omne genus ad originem suã censeatur necesse est ; itaque tot ac tantæ Ecclesiæ vna est illa ab Apo-

Ces maximes estans supposées auec le consentement du Ministre, ie tire ceste consequence infaillible, qu'il suffit pour cōdamner vne Eglise qu'elle n'ait pas la succession; Et dans quel abisme se cachera donc l'Eglise pretenduë reformée, qui de peur qu'on ne doute de sa nouueauté, ne craint pas de la confesser elle mesme? Car en l'article 31. de sa confession de foy generale, apres auoir posé ce principe, que *nul ne se doit ingerer de son authorité propre pour gouuerner l'Eglise*, sentant bien qu'elle prononçoit sa condannation, elle tasche de s'en garentir par ceste defense qui la condanne encore plus euidemment. *Il à fallu quelque fois*, dit-elle, *& mesme de nostre temps auquel l'estat de l'Eglise estoit interrompu, que Dieu ait suscité gens d'vne façon extraordinaire, pour dresser l'Eglise* DE NOVVEAV *qui estoit en ruine & desolation*. Ne diriez vous pas qu'elle s'estudie à nous conuaincre de sa nouueauté? Consideronstoutes ses paroles, & nous verrons qu'il n'y en à aucune qui ne soit contre elle.

L'estat de l'Eglise estoit interrompu; que signifie ici l'estat de l'Eglise, sinon le Ministere Ecclesiastique? *Il estoit interrompu*, nous dit-elle; mais le Catechiste au contraire enseigne à son peuple qu'il deuoit estre CONTINVÉ iusqu'à la

stolis prima ex quâ omnes. Ita omnes primæ, & omnes Apostolicæ dū vnā omnes probāt vnitatem. De præscr. c. 29.

Pag. 29.

resurrection generale. *Il à falu*, poursuit l'heresie, *que Dieu ait suscité gens d'vne façon extraordinaire*. Pourquoy ceste façon extraordinaire? n'est-ce pas qu'elle s'aperçoit elle mesme qu'elle n'a pas la succession legitime? Mais ces gens suscitez extraordinairement *ont dressé de nouueau l'Eglise*. Elle auoüe sa nouueauté par sa propre bouche. Et ils *l'ont*, dit-elle, *dressée de nouueau, parce qu'elle estoit en ruine & desolation*. C'est donc iniustement qu'ils ont vsurpé la belle qualité de Reformateurs, puisqu'ils ne veulent pas reformer l'Eglise ancienne, mais qu'ils en veulent *dresser* de nouuelles ; & nous voyons par leur procedé que la reformation de l'Eglise ancienne estoit le pretexte, & qu'en faire vne nouuelle, c'estoit le dessein.

Concluons donc de tout ce discours que la durée de l'Eglise est perpetuelle, que d'ailleurs elle ne peut subsister sans auoir vne forme visible selon les principes du Catechiste, & que l'Eglise pretendüe reformée, qui non seulemét ne peut monstrer sa succession, mais qui confesse sa nouueauté, ne peut pas estre ceste sainte Eglise à laquelle le Fils de Dieu à promis qu'il seroit tousiours auec elle. Que si elle n'est pas l'Eglise de Iesus-Christ, elle n'a aucune part à ses graces, & elle ne peut atandre autre chose que la dannation eternelle, si ce n'est qu'aiant honte de sa nouueauté elle reuienne à l'vnité ancienne dont elle s'est iniustement separée.

DIsons maintenant à nos Aduersaires auec ceste ardente charité de Saint Augustin, pourquoy vous estes vous separé? Quel à esté voster aueuglement lorsque pour éuiter à ce que vous dites les abus qui estoient dans l'Eglise, vous n'auez pas craint de tomber dans le plus horrible de tous les abus qui est le sacrilege du schisme? Certes rien ne doit estre plus necessaire que les causes de separation, & il n'y à rien de plus mal fondé que celles que vous prenez pour pretexte.

CHAP. 3.
Que selō les prin-cipes du Ministre nos Ad-uersaires ne peuuét apporter aucune cause de separatiō. *Aug. de bap. lib. 2. c. 7.*

Considerez en vos consciences, s'il n'est pas vray que de tous les points de nostre doctrine celuy qui vous choque le plus, c'est la realité incomprehensible du Corps de Iesus-Christ dans l'Eucharistie. Caluin combatant ceste foy, dit que la veritable raison pour laquelle on ne receuoit pas son opinion, c'est que le diable enchantant les esprits, les iette en vne horrible folie. Ce grād Prophete ne sçauoit pas que ses descendans prescheroient vn iour que la doctrine de la realité *n'a aucun venin, qu'elle ne nous engage en rien qui soit contraire ou à la pieté ou à la charité* ou à

4. Inst. c. 17.

Voyez *sus. p. 39.*

l'honneur de Dieu ou au bien des hommes, & que ceux qu'il décrioit dans ses liures comme frapez d'vne si horrible folie par les enchantemens de Sathan, deuiendroient des membres de son Eglise par vn decret solemnel d'vn de ses Synodes.

Encore que vos freres les Lutheriens ne conuiennent pas auec nous de toutes les circonstances qui accompagnent ceste miraculeuse realité, neantmoins nous sommes d'accord dans le point le plus essentiel de la question. Que si la creance que nous professons n'a rien dans le point principal qui donne vne iuste cause de separation, iugez qu'elle apparence il y à que l'on en puisse trouuer dans les accessoires.

Pour ce qui regarde l'adoration, Caluin reconoist en termes formels que c'est vne suite de la presence reelle. *En quelque lieu, dit-il, que soit Iesus-Christ il ne sera licite de le frauder de son honneur & seruice. Qu'y a-t'il donc de plus étrange que de le mettre sous le pain & ne l'adorer pas?* Apres il répond nettement à toutes les obiections qu'on peut faire.

Ie passe en peu de mots ces raisonnemens que les Docteurs Catholiques ont si bien traitez, & si i'en touche icy quelque chose ce n'est pas pour expliquer à fonds ces matieres, mais afin que

Cont. Hesbus.

afin que nos Aduersaires touchez du desir de sauuer leurs ames, s'en fassent informer plus soigneusement, & s'ouurent le chemin à la vie que nous leur souhaitons en nostre Seigneur.

Mais puisqu'il à plû à la prouidence que le Catechisme du Sr. Ferry donnast de si grands auantages à la bonne cause, il me semble que la charité nous oblige d'y faire vne reflexion serieuse, non point certes pour insulter à nos Aduersaires, mais pour procurer leur salut par tous les moiens que Dieu nous presente. C'est pourquoy i'entreprens de leur faire voir que les maximes de leur Ministre ne leur laissent aucune cause legitime sur laquelle ils puissent fonder leur separation.

Pour entendre ceste verité il ne faut que rapeller en nostre memoire les choses qui ont des-ja esté expliquées; Premierement que nos Aduersaires enseignent qu'il y à certaines erreurs en la foy pour lesquelles on ne se doit pas separer, & qu'afin qu'vne erreur nous oblige à rompre, il faut qu'elle renuerse les vrais fondemens de la foy & de l'esperance du Chrétien: Secondement que l'Eglise Romaine estoit encore veritable Eglise en l'an 1543. puisque l'on y pouuoit faire son salut. Adjoustons pour troisiéme principe qu'il n'est pas possible que la

Sus. sect. 1. p. cha. 4. & 5.

Sus. ch. 1.

vraie Eglise erre dans les fondemens de la foy. Car deslors elle perdroit le tiltre d'Eglise, puis que la premiere marque de la vraie Eglise selon les principes de nos Aduersaires, c'est qu'elle professe la saine doctrine, ce qui se doit entendre principalement de ces maximes essentielles & fondamentales sans lesquelles il n'y à point de Christianisme.

Catech. Pag. 59. Confession de foy art. 28.

Delà il s'ensuit sans difficulté que ny la Transsubstantiation, ny la Messe, ny pour dire en vn mot tous les autres points qui estoient crûs si certainement du temps de nos Peres ne peuuent donner à nos Aduersaires vn iuste fondement de separation ; & cependant il est veritable qu'ils comprenent les principaux articles controuersez.

Voyez sus. Pag. 30. & 31.

Et afin que le Catechiste conoisse combien sont fortes les consequences que nous tirons d'vn principe si bien établi, nous en pouuons faire l'épreuue en vne des matieres des plus importantes qui est la communion sous les deux especes.

Vne des marques essentielles de la vraie Eglise selon les principes des Caluinistes & la confession du Ministre, c'est *le droit vsage des Sacremens.* Si donc auant la reformation pretendüe & iusqu'à l'an 1543. l'Eglise Romaine estoit

Pag. 59.

vraie Eglise puisqu'elle conduisoit au Ciel plusieurs Citoyens de la bien-heureuse Ierusalem, il paroist que les Sacremens du moins quant à la substance y estoient bien administrez. Cependant il est plus clair que le iour que l'on n'y communioit que sous vne espece ainsi qu'il a esté remarqué ailleurs. Et par consequent ceste façon de communier ne ruine pas la nature du Sacrement. *Sus.p. 27.*

 Ceste réponse commune de nos Aduersaires que l'ignorance ou quelque autre raison excusoit nos Peres ne leur est d'aucun vsage en ce lieu. Car il ne s'agit pas ici des personnes, mais de la nature du Sacrement. Il est question de sçauoir s'il estoit en l'Eglise Romaine quant à sa substance, parceque s'il n'y estoit pas en ceste maniere, elle auoit perdu le titre d'Eglise; & ainsi les enfans de Dieu n'y pouuoient pas viure, & bien moins encore y mourir comme le Catechiste l'assûre.

 Il a bien vû ceste consequence, & ie puis dire qu'il ne l'a pas improuuée, parceque rapportant les raisons pour lesquelles la reformation estoit necessaire, il allegue cellecy entre les autres; *qu'il falloit vne grace extraordinaire pour empescher que tant d'erreurs qu'il y auoit en l'Eglise Romaine ne nuisissent à la foy des élûs & aux Sacremens qu'ils* *Pag. 118.*

y receuoient. : où il suppose que les Sacremens se receuoient en l'Eglise Romaine. Ie demande quels Sacremens sinon le Baptesme & l'Eucharistie? Certes le Ministre n'en conoist pas d'autres. Donc puisque l'on ne comunioit que sous vne espece, il s'ensuit qu'vne espece seule est le Sacrement. Et parcequ'il pouroit répondre que c'est le Sacrement à la verité, mais le Sacrement imparfait, ie le prie qu'il nous fasse entendre, si les deux especes sont tellement jointes dans la necessité de ce Sacrement, si elles sont tellement de l'essence qu'il ne puisse subsister sans elles. S'il répond qu'il ne peut subsister sans les deux especes, communier seulement sous l'vne des deux, c'est détruire le Sacrement, non le *receuoir.* De ceste sorte on n'y participe non plus que si l'on separoit l'eau d'auec la parole dans l'administration du Baptesme. Que si l'on reçoit en verité ce saint Sacrement sous la seule espece du pain, il paroist que la vertu en est appliquée, & que la communion des deux especes n'est pas necessaire pour participer à l'Eucharistie. Ainsi vne des difficultés principales est terminée par les maximes de nostre Aduersaire.

Mais continuons de luy faire entendre par ses principes qu'il ne s'est laissé aucune raison par laquelle sa separation puisse estre excusée. En effet ce qu'il exagere le plus dans son Catechisme c'est le reproche qu'il fait à l'Eglise qu'elle ne permet pas aux fideles de se confier en Iesus-Christ seul. Ainsi luy aians monstré clairement combien ceste accusation est iniuste, qui ne voit que nous auons renuersé le fondement principal de sa cause ? Dira-til que nous ne nous confions pas en Iesus-Christ seul, parceque nous enflons l'arrogance humaine par l'opinion des merites ? Mais pour laisser les autres raisons, que respondra t'il à S. Augustin qui les à soustenus auec tant de forces dans le mesme sens que l'Eglise ? Ozera-til dire que ce grand Docteur à enflé l'arrogance humaine ; luy qui est le predicateur de la grace, & qui dans le sentiment de Caluin *n'a pas son pareil entre les anciens en modestie & profondeur de science* ? Se separera t'il de ce saint Euesque ? Mais certes il luy à fait cét honneur de trouuer ses erreurs supportables, & il n'y remarque aucune cause de separation ? Se retirera-t'il d'auec nous parce que nous appellons les Saints à nostre secours, & dira-til auec tous les siens que ceste priere est iniurieuse à nostre Sauueur ? O temerité inoüie ! Car ozeroit-il bien se persuader qu'il honore plus Iesus-Christ que ne faisoit l'Egli-

2. Defence contre Westph.

Pag. 44.

De l'inuocation des Saints

se ancienne, laquelle en priant les Saints comme nous ne doutoit point qu'elle ne glorifiast le Sauueur des ames dont la grace les à couronnez? Qu'il écoute le grand S. Basile qui exhorte le peuple fidele en ces termes, *souuenez vous*, dit-il, *du Martir, vous ausquels il à paru dans les songes, vous qui estans venus en ce lieu l'auez eu pour compagnon dans vos prieres, vous ausquels estant* APPELLÉ PAR SON NOM *il s'est monstré present par ses œuures.* Qu'il écoute S. Gregoire Euesque de Nysse frere de cét admirable Docteur, qui represente les Chrétiens embrassans le corps d'vn martir, *le* PRIANT D'INTERCEDER POVR EVX *comme vn de ceux qui sont aupres de Dieu, & qui obtient quand il veut les graces estant inuoqué.* Qu'il écoute S. Augustin qui dit que fideles *recommandoient aux martirs les ames de ceux qu'ils aimoient comme* A LEVRS DEFENSEVRS ET A LEVRS AVOCATS. Ces grands hommes deshonoroient ils Iesus-Christ, & qu'elle est la temerité de nos Aduersaires qui sous le nom de l'Eglise Romaine déchirent la memoire de ces saints Docteurs?

Pource qui regarde le Purgatoire & la priere que nous faisons pour les morts, se peut-il rien dire de plus formel que ces belles paroles de S. Augustin, *il ne faut point douter*, dit ce grand

Hom. de Mamante mart.

Hom. de S. Theod. mart.

Eisdem sanctis illos tãquã patronis susceptos apud Dominũ adiuuandos orando cõmendent.
De curâ pro mortuis.
De la priere pour les morts.

Euesque, que les prieres de la sainte Eglise, & le sacrifice salutaire, & les aumosnes que font les fideles pour les ames de nos freres defunts, ne les aident à estre traitées plus doucement que leurs pechez ne meritent. Car NOVS AVONS APPRIS DE NOS PERES CE QVE L'EGLISE VNIVERSELLE OBSERVE de faire memoire dans le sacrifice de ceux qui sont morts en la communion du Corps & du Sang de Iesus-Christ, & en mesme temps de prier ET D'OFFRIR CE SACRIFICE POVR EVX. A l'égard des œuures de misericorde par lesquelles on les recommande, QVI DOVTE qu'elles ne leurs soient profitables? IL NE FAVT NVLLEMENT DOVTER que ces choses ne seruent aux morts, mais à ceux qui ont vescu de telle sorte, qu'ils en puissent tirer de l'vtilité apres la mort. Il n'en faut point douter dit S. Augustin, & l'Eglise vniuerselle l'obserue, & elle a apris de ses Peres d'offrir le sacrifice pour eux, & leurs ames constamment en sont allegées. N'est-ce pas reconoistre vn estat des ames dans lequel elles peuuent estre assistées par nos oraisons & nos sacrifices? c'est ce que nous appellons le Purgatoire.

Hoc enim à Patribus traditum vniuersa obseruat Ecclesia, vt pro eis qui in corporis & sanguinis Christi cōmunione defuncti sunt, cum ad ipsum, sacrificiū loco suo cōmemorantur oretur, ac pro ipsis quoque id offerri cōmemoretur &c. non omninò ambigēdū est ista prodesse defunctis. ser. 32. de ver. Apost.

Ie ne pense pas que nos Aduersaires ozent imiter l'impudence & la temerité de Caluin qui parlant des prieres Ecclesiastiques que nous faisons pour les morts dans le sacrifice, auoüe que la coustume en est ancienne, comme la coustume, dit-il, domine souuent sans raison ; il accorde que telles prieres ont esté reçeües de S. Chrysostome, d'Epiphane, de S. Augustin : mais ces bonnes gens que i'ay nommez, adioustist cét insolent heresiarque, par vne trop grande credulité ont suiui sans discretion ce qui auoit gagné la vogue en peu de temps.

Traité de la maniere de reformer l'Eglise.

Quel mauuais demon possedoit cét homme qui méprise auec tant d'orgueil l'antiquité la plus venerable ? Malheureuse mille & mille fois l'heresie qui doit sa naissance à vn tel autheur ; mais quelle gloire à la sainte Eglise qu'elle ne puisse estre méprisée que par ceux qui méprisent l'antiquité sainte, & ses plus illustres Docteurs ?

Ie demande maintenant à nos Aduersaires s'ils veulent estre enfans de l'ancienne Eglise, ou s'ils se veulent reuolter contre elle : s'ils ne veulent pas estre ses enfans, certes ie ne m'étonne pas qu'ils nous fuyent ; Mais si ceste pensé leur paroist horrible par quelle hardiesse nous condannent-ils dans vne cause qui nous est commune auec elle ?

Pag. 67. Mais Rome est destinée, nous dit le Ministre, pour estre le siege de l'Antechrist, c'est la Babylone de l'Apocalypse de laquelle Dieu ordonne de se retirer, S. Ierosme là entendu de la sorte, la sorte & les Autheurs Catholiques ne le denient pas. C'est pourquoy les reformateurs pretendus ont dû abandonner sa communion. Tel est le raisonnement de nostre Aduersaire, duquel la foiblesse est toute visible.

Quand i'accorderai au Ministre que l'Antechrist regnera dans Rome, & que Rome sera le siege de son Empire ie n'en respecterai pas moins l'Eglise Romaine. Les Nerons, les Domitians, & les autres persecuteurs des fideles y ont bien regné autrefois, & neantmoins ce seroit vne pensée tres extrauagante de croire que l'Eglise Romaine en soit deshonorée.

Il faut faire grande difference entre l'Eglise de Rome & la Ville, & S. Ierosme l'obserue tres exactement dans ceste celebre Epistre à Marcelle ou voulant exhorter ceste sainte féme à quitter Rome pour Bethléem, il luy dépeint la ville de Rome comme la Babylone dont il faut sortir. *Là, dit-il, il y a vne sainte Eglise, on y voit les trophées des Apostres & des Martyrs, Iesus-Christ y est reconû, nous y remarquons ceste mesme foy qui a esté loüée par l'Apostre, & la gloire du nom Chrétien s'y éleue de plus en plus tous les iours sur les ruines de l'Idolatrie. Mais l'ambition, la puissance, & la grandeur de la Ville, voir & estre vû, visiter & estre visité, loüer & mesdire, tousiours par-*

ler où toufiours entendre, eftre contreint de voir vne fi grande multitude d'hommes, ce font chofes qui ne s'accordent pas auec le repos de la profeffion Monaftique. Qui ne voit que fes premieres paroles honorent la fainteté de l'Eglife, & qu'il reprefente dans les dernieres le tumulte & la confufion de la Ville?

Il eft vray que ce faint Docteur accouftumé à la creiche du Fils de Dieu, & à la folitude de Bethléem, ne pouuoit fe plaire dans cefte Ville perpetuellement empreffée, & en laquelle il auoit efté fouuent mal traité par la ialouzie de tant de perfonnes comme fes écrits le témoignent. Mais quelque auerfion qu'il euft pour la Ville, il ne laiffe pas toutefois d'écrire du fonds de la Paleftine à fon Pontife & à fon Eglife,

Ego beatitudini veftræ id eft Cathedræ Petri communione confocior, fuper illam Petrã ædificatã effe Ecclefiam fcio. &c.

Ie fuis affocié par la communion à voftre fainteté, C'eft à dire à la chaire de Pierre, ie fçay que l'Eglife à efté fondée fur cefte pierre, quiconque ne mange pas l'aigneau en cefte maifon eft profane ; & apres celuy qui n'amaffe pas auec vous, diffipe, c'eft à dire qui n'eft pas à Iefus-Chrift eft à l'Antechrift. Ou bien loin de confiderer l'Eglife Romaine comme le fiege de l'Antechrift, il eftime des Antechrifts ceux qui ne s'vniffent point auec elle.

Quicumque tecum non colligit ; fpargit, id eft qui Chrifti non eft Antichrifti eft. Ep. ad Dam.

Et certes si nous considerons l'Eglise Romaine selon les maximes des anciens Docteurs, bien loin de croire comme les Ministres qu'elle est la Babylone dont il faut sortir, nous dirons auec les saints Peres qu'elle est le centre ou il se faut rassembler. C'est ce que nous voions clairement dans ce beau passage de S. Optat qui viuoit au quatriéme siecle. Ce grand Euesque écriuant contre Parmenian Donatiste, luy explique l'vnité de l'Eglise par l'vnité de la chaire principale à laquelle toutes les autres doiuent estre vnie. *Vous ne pouuez nier, que vous ne sçachiez que la chaire Episcopale à esté donnée à Rome premierement à Pierre, en laquelle à esté assis* PIERRE LE CHEF DE TOVS LES APOSTRES *qui à esté pour cela appellé Cephas* ; EN LAQVELLE CHAIRE, poursuit ce S. homme, L'VNITÉ DEVOIT ESTRE GARDEE PAR TOVS LES FIDELES, *afin que les autres Apostres ne pussent pas s'atribuer la Chaire*, & QVE CELVY LA FVST TENV POVR PECHEVR ET POVR SCHISMATIQVE, QVI ELEVEROIT VNE AVTRE CHAIRE CONTRE CESTE CHAIRE SINGVLIERE. Ce saint homme ne veut pas nier que tous les Apostres n'aient eu leur chaire puisqu'ils *Apostoli singulas sibi quisque defenderent, vt iam Schismaticus & peccator esset qui contra hanc singularem Cathedram alteram collocaret.* Opt. Mil. cont. Parm. lib. 2.

Que l'Eglise Romaine est le centre de l'vnité Ecclesiastique.

Negare nō potes scire te in vrbe Româ Petro primo Cathedrā Episcopalem esse collatam in quâ sederit omniū Apostolorum caput Petrus; in quâ vnâ Cathedrā vnitas ab omnibus seruaretur ne singuli estoient les maistres du monde; Toutefois ils n'auoient pas la chaire, dit-il, c'est à dire ceste chaire vnique & principale *en laquelle l'vnité doit estre gardée*; elle n'appartenoit qu'à S. Pierre: & de peur qu'on ne s'imagine qu'elle deuoit finir auec cét Apostre, il rapporte tous ses succes- seurs qui s'y sont assis apres luy: *la chaire donc, dit-il, est vnique, Pierre s'y est assis le premier, Lin à succedé*; il les nomme tous iusques à Sirice, & nous pouuons aisément remplir ceste liste ius- ques à Innocent X. d'heureuse memoire, & à celuy que le S. Esprit luy destine pour succes- seur; apres quoy nous dirons à nos Aduersai- res auec S. Optat, *monstrez nous l'origine de vo- stre chaire, vous qui vous attribuez le titre d'Eglise*: n'estes vous pas *Schismatiques & pecheurs*, vous qui vous éleuez contre *la chaire vnique*, contre la chaire de *l'Apostre S. Pierre*, & *l'Eglise principale*, dit Saint Cyprien plus ancien qu'Optat, *d'où l'vnité Sacerdotale à pris sa naissance*? Que pouuez vous répondre à des authoritez si précises?

Mais s'il est vrai que l'Eglise Romaine est le lieu de concorde & de paix ou se doiuent vnir les enfans de Dieu, d'ou vient que nos Aduer- saires enseignent qu'elle est ceste Babylone con- fuse de laquelle il se faut retirer? D'ailleurs ou nous liront ils dans les écritures que Babylo-

Ergo Ca- thedra vnica est, sedit prior Petrus, successit Linus. &c. ibid.
Vestra Cathedra vos origi- nem reddi- te qui vo- bis vultis san&tã Ec- clesiã ven- dicare. ib.
Nauigare audent ad Petri Ca- thedrã & ad Eccle- siam prin- cipalẽ vn- de vnitas sacerdota- lis exorta est. ep. ad Corn. de Schismat.

ne doiue adorer Iesus-Christ, & mettre toute sa confiance en luy seul? cependant nous auons monstré que c'est ce qu'enseigne l'Eglise Romaine. Y a-til donc rien de plus temeraire que de l'appeller Babylone? & combien nos Aduersaires sont ils mal fondez s'ils n'ont point d'autre cause de separation?

Il paroist nettement par tout ce discours qu'il n'y a rien en nostre créance qui renuerse les fondemens du salut. Car elle nous est commune auec des personnes qui selon les principes de nostre Aduersaire ont pû obtenir la vie eternelle. Nos Ancestres qui se sauuoient en la communion de l'Eglise Romaine ainsi qu'il l'accorde en son Catechisme, professoient la mesme doctrine que nous touchant le S. Sacrement de l'Eucharistie & son administratiō sous les deux especes; ils condannoient comme nous faisons ceux qui nioient que la sainte Messe fust vne institution Diuine, qui reiettoient la veneration des Images & la Primauté de l'Eglise Romaine: ce qui monstre sans difficulté qu'il n'y a aucun de ces points qui détruise les fondemens du salut, puis qu'ils n'ont pas empesché celuy de nos Peres. D'ailleurs nous auōs lû dans S. Augustin tout ce que l'Eglise Catholique enseigne touchant la iustification des

Sus. p. 30. & 31.

pecheurs, la verité de nostre iustice, & le merite des bonnes œuures. Et neantmoins le Ministre auoüe que la *religion de S. Augustin* n'est point opposée à la sienne. Enfin nous auons vû clairement que le mesme Saint Augustin à crû comme nous que c'est vne pieuse pratique d'implorer le secours des Saints, & que les ames des fideles peuuent estre en tel estat hors de ceste vie qu'elles reçoiuent du soulagement par nos sacrifices. Delà il s'ensuit que nostre Aduersaire est contreint necessairement ou à desauoüer ses propres maximes, ou à confesser que l'Eglise Romaine à conserué tous les fondemens du salut & qu'il ne peut trouuer en nostre créance aucun sujet de separation.

Pag. 44.

CHAP. 4. Que la reformatió pretédüe est vne rebellion contre l'Eglise; de l'infaillibilité de l'Eglise.

SI la reformation pretendue confesse elle mesme sa nouueauté, s'il ne luy est pas possible d'excuser son schisme, elle ne peut aussi nier sa rebellion en ce qu'elle à refusé d'écouter l'Eglise. Faisons donc conoistre à nos Aduersaires que iamais ils ne se sont soumis à son iugement; & que ce crime est inexcusable.

Ie sçay bien qu'ils ont témoigné dans les commancemens de leur schisme qu'ils consentiroient volontiers qu'vn Concile terminast les difficultez. Mais encore qu'en apparence ils reconûssent l'authorité du Concile, il n'y auoit rien de plus opposé n'y à leur intention ny à leur doctrine. Et Luther le témoigne assez dans le liure qu'il écrit contre les Euesques.   Car comme en l'assemblée de l'Empire à Vormes il auoit parlé aux Euesques auec quelque sorte de deference, il se repent de sa modestie, il declare *qu'il ne soumettra plus ses écrits à leur iuge-* *ment, qu'il s'est trop rabaissé à Vormes, qu'il est tellement assuré* ~~certain~~ *de sa doctrine qu'il ne veut pas mesme la soumettre au iugement d'aucun Ange, mais que par le témoignage de ceste doctrine, il les iugera eux tous & les Anges mesmes.* Vn homme qui écrit ainsi aux Euesques, en verité veut-il reconoistre la sainte authorité des Conciles? & qui ne voit pas son procedé que si ceux qui ont suiui son parti ont tant sollicité l'Empereur de faire conuoquer vn Concile, ce n'est pas qu'ils eussent dessein de se rapporter à son iugement, mais c'est qu'ils vouloient abuser le peuple par vne soumission apparente?

Sleid. li. 3.

Et certes sans rechercher dans l'histoire les marques de la rebellion de nos Aduersaires, il suffit que nous leur monstrions que leur doctrine est si peu modeste qu'elle ne soufre pas que l'on se soumette à l'authorité de l'Eglise. Car d'où vient qu'ils ont enseigné, d'où vient que le Catechiste le presche, que l'Eglise non seulement *peut errer; mais encore qu'elle a erré souuent?* n'est-ce pas afin d'auoir vn pretexte pour mépriser ses decisions? En effet leur maistre Caluin bien loin de soumettre les particuliers aux determinations des Conciles, soumet les déterminations des Conciles à l'examen des particuliers. Car parlant de l'authorité de ces assemblées venerables, *ie ne pretens pas en ce lieu, dit-il, que l'on casse tous les decrets des Conciles; Toutefois, poursuit-il, vous m'obiecterez que ie les range tellement dans l'ordre que ie permets à tout le monde indifferemment de receuoir ou de reietter ce que les Conciles auront établi. Nullement, ce n'est pas là ma pensée.* Vous diriez qu'il s'en éloigne beaucoup; mais il accordera bien tost dans la suite ce qu'il semble dénier dans les premiers mots? *lorsque l'on apporte, dit-il, la decision d'vn Concile, ie desire premierement que l'on considere en quel temps, & sur quel sujet, & pour quel dessein il à esté assemblé, & quelles personnes y ont assisté: apres que l'on examine le point principal selon la reigle de l'écriture, de sorte que la definition du Concile ait son poids, & qu'elle soit comme vn preiugé, toutefois qu'elle n'empesche pas l'examen.* Peut on se reuolter plus visiblement contre la Majesté des Conciles? Car puisqu'il veut que l'on examine, il

Pag. 49.

4. Inst. c. 9.

mine, il veut par consequent que l'on iuge. Et à qui appartiendra ce pouuoir? Sera ce à vn autre Concile? Mais il sera sujet au mesme examen. Si les particuliers l'entreprennent; donc vn particulier iugera des assemblées de toute l'Eglise; apres qu'elle aura prononcé, il croira que c'est à luy de resoudre si elle à bien decidé les difficultés, & il ozera presumer que peut-estre il entend mieux l'escriture qu'elle? est-il rien de plus temeraire, & combien étrange est ceste doctrine qui nourrit & qui entretient les esprits dans vne arrogance si démesurée? Si nos Aduersaires répondent que c'est le S. Esprit qui les guide, c'est en cela mesme que l'orgueil est insupportable, que des particuliers ozent croire que le S. Esprit les instruise de la verité, & qu'il abandonne à l'erreur le corps de l'Eglise: n'est ce pas se preferer à l'Eglise mesme? Que si ce sentiment leur paroist horrible, il faut necessairement qu'ils confessent que le S. Esprit gouuerne l'Eglise dans toutes les déterminations de la foy; & que ceux qui nient ceste verité se souleuent ouuertement contre l'authorité legitime.

Si les Caluinistes nous disent que ce priuilege d'infaillibilité ne peut appartenir qu'à la vraie Eglise, & qu'il leur faut prouuer que la nostre *Que le Ministre ne peut nier selon*

Cc

ses prin-
cipes que
ses Peres
ne fussent
obligez
d'écouter
l'Eglise
dans le
temps
qu'ils s'en
separoiët.

merite ce titre auant que les obliger à luy obeir; qu'ils se remettent en la memoire que l'Eglise en laquelle nous sommes estoit encore la vraie Eglise quand leurs Peres s'en sont separez puis qu'elle engendroit les enfans de Dieu ainsi que leur Ministre confesse. Que si elle engendroit des enfans, qui doute qu'elle ne pûst les nourir? Certes la terre qui produit les plantes leur donne leur nouriture & leur aliment; & la nature ne fait iamais vne mere qu'elle ne fasse en mesme temps vne nourisse. Que si la prouidence Diuine à établi ce bel ordre dans tout l'Vniuers, aura-t'elle oublié l'Eglise qu'elle à choisie dez l'eternité pour y faire éclater sa sagesse? par consequent si l'Eglise Romaine estoit encore la vraie Eglise lorsque nos Aduersaires s'en sont retirez, il est clair quelle nourissoit les fideles de I. Christ. Et qui ne sçait que la nourriture des enfans de Dieu, c'est sa parole & sa verité? De là vient que le S. Esprit qui opere cōtinuellement dans la vraie Eglise pour la rendre tousiours feconde, luy est aussi donné comme maistre qui luy enseigne la saine doctrine, afin quelle allaitte comme nourisse ceux qu'elle aura conceu cōme mere: ce qui monstre bien que la verité est inseparable de la sainte Eglise. Si donc les principes de nos Aduersaires prouuent que l'Eglise qu'ils ont quittée estoit encore l'Eglise de Dieu dans le temps qu'ils en sont sortis, est-ce pas vne rebellion manifeste de ne s'estre pas soumis à son iugement?

Les Caluinistes se persuadent que ceste doctrine que nous enseignons de l'infaillibilité de l'Eglise, tend à la faire iuge souueraine mesme de l'écriture Diuine; mais ils sont bien éloignez de nostre pensée. Ie ne dispute point en ce lieu si l'écriture sainte est claire ou obscure; il me suffit que nous confessons tous d'vn commun accord, que c'est sur le sens de ceste écriture que toutes les questiōs ont esté émües. Nous ne disons donc pas que l'Eglise soit iuge de la parole de Dieu, mais nous assurons qu'elle est iuge des diuerses interpretations que les hommes donnent à la sainte parole de Dieu, & que c'est à elle qu'il appartient à cause de son authorité Magistrale de faire le discernement infaillible entre la fausse explication & la veritable.

Nos Aduersaires nous repartiront qu'il faut que chaque fidele en particulier discerne la bonne doctrine d'auec la mauuaise par l'assistance du S. Esprit; ce que nous accordons volontiers, & iamais nous ne l'auons denié; aussi n'est-ce pas en ce point que consiste la difficulté. Il est

Qu'il faut chercher la verité dans l'vnité.

question de sçauoir de quelle sorte se fait ce discernement. Nous croions que chaque particulier de l'Eglise le doit faire auec tout le corps, & par l'authorité de toute la communion Catholique à laquelle son iugement doit estre soumis. Et ceste excellente police vient de l'ordre de la charité qui est la vraie loy de l'Eglise. Car lors que Iesus-Christ là fondée, le dessein qu'il se proposoit c'est que ses fideles fussent vnis par le lien d'vne charité indissoluble. C'est pourquoy il n'a pas permis que chacun iugeast en particulier des articles de la foy Catholique, ny du sens des écritures Diuines: mais afin de nous faire cherir d'auantage la communion & la paix, il luy à plû que l'vnité Catholique fust la mamelle qui donnast le laict à tous les particuliers de l'Eglise, & que les fideles ne pûssent venir à la doctrine de verité que par le moyen de la charité & de la societé fraternelle.

Delà vient que nous voyons dans les Actes qu'vne grande question s'estant éleuée touchât les ceremonies de la loy, l'Eglise s'assembla pour la decider; & apres l'auoir bien examinée elle donna son iugement en ces mots; *Il à plû au S. Esprit & à nous.* Ceste façon de parler si peu vsitée dans les saintes lettres, & qui sem-

Act. 15.

ble mettre dans vn mesme rang le S. Esprit & ses seruiteurs, en cela mesme qu'elle est extraordinaire, auertit le lecteur atantif que Dieu veut faire entendre à l'Eglise quelque verité importante. Car il semble que les Apostres se deuoient contenter de dire, que le S. Esprit s'expliquoit par leur Ministere : mais Dieu qui les gouuernoit interieurement par vne sagesse profonde, considerant par sa prouidence combien il estoit important détablir en termes tres forts l'inuiolable authorité de l'Eglise dans la premiere de ses assemblées, leur inspira ceste expression magnifique, *Il à plû au S. Esprit & à nous*, afin que tous les siecles apprissent par vn commancement si remarquable, que les fideles doiuent écouter l'Eglise comme si le S. Esprit leur parloit luy mesme.

Et il seroit ridicule de nous obiecter que ceste authorité Magistrale qui decide les questions auec vne certitude infaillible n'a esté dans l'Eglise qu'au temps des Apostres. Car ceste pensée seroit raisonnable si toutes les questions sur les saintes lettres eussent dû aussi finir auec eux. Mais au contraire le S. Esprit préuoiant que chaque siecle auroit ses disputes, dez la premiere qui s'est éleuée, nous donne le modele asseuré selon lequel il faut terminer les autres quand il est ainsi necessaire pour le bien & pour le repos de l'Eglise : Tellement qu'il appartiendra à l'Eglise tant qu'elle demeurera sur la terre de dire à l'imitation des Apostres, *il à plû au S. Esprit & à nous.* En effet les anciens Docteurs ont attribué constâment à l'esprit de Dieu ce qu'ils voyoient receu par toute l'Eglise, & c'est pour ceste raison que S. Augustin parlant de la coustume de communier auant qu'auoir pris aucun aliment, *il à plû*, dit-il, *au S. Esprit que le Corps de nostre Seigneur fust la premiere nourriture qui entrast en la bouche du Chrétien.* Il est digne d'obseruation qu'encore que ceste coustume ne soit appuiée sur aucun témoignage de l'écriture, toutefois il ne craint pas d'asseurer que le Saint Esprit le veut de la sorte, parce qu'il voit le consentement de l'Eglise vniuerselle. C'est pourquoy le mesme S. Augustin disputant du Baptesme des petits enfans, *il faut*, dit-il, *souffrir ceux qui errent dans les questions qui ne sont pas encore bien examinées, qui ne sont pas pleinement decidées par l'authorité de l'Eglise ; c'est là que l'erreur se doit tolerer ; mais il ne doit pas entreprendre d'ébranler le fondement de l'Eglise.* Ainsi cét incomparable Docteur non seulement ne permet pas qu'on dispute apres que l'Eglise à dé-

Placuit spiritui sā̄to vt in honorem tanti Sacramenti in os Christiani priùs corpꝰ dominicū intraret quàm cæteri cibi. ep. 118.

Ferendus est disputator errãsin alijs fidei quæstionibus nondū diligenter digestis;nõdum plenâ Ecclesiæ authoritate firmatis. ibi. ferendus est error,non vsque adeò progredi debet ut fundamentum ipsum Ecclesiæ quatere moliatur. ser. 14. de verb. Apost.

terminé, mais il estime qu'on sappe le fondement quand on reuoque en doute ce qu'elle decide. C'est à cause que par vn tel doute son infaillibilité est détruite ; & cesté infaillibilité est le fondement, parce qu'elle à esté donnée à l'Eglise pour affermir les esprits flottans aussi bien que pour reprimer les presomptueux.

Ce qui doit encore nous faire conoistre qu'elle estoit la deference de S. Augustin pour les determinations de l'Eglise, c'est ce qu'il écrit de S. Cyprien, & du Baptesme donné par les heretiques. S. Cyprien auoit enseigné qu'il ne meritoit pas le nom de Baptesme ; Saint Augustin soutenoit auecque l'Eglise qu'vn heretique peut baptiser : *Mais*, dit-il, *nous n'ozerions pas l'asseurer nous mesmes, si nous n'estions fondez sur l'authorité de l'Eglise vniuerselle, à laquelle S. Cyprien auroit cedé tres certainement, si la verité éclaircie eust esté deslors confirmée par vn Concile vniuersel.* Ou ie trouue tres remarquable que ce qu'il enseigne si constamment comme vne verité Catholique, il auoüe qu'il n'ozeroit pas l'asseurer sans l'authorité de l'Eglise ; il faut donc qu'il estime l'Eglise infaillible puisqu'elle seule le fait parler hardiment & sans aucun doute. Et ce qui le monstre sans difficulté, c'est

Nec nos si p- fi tale ali- quid aude- remus asse- rere, nisi vniuersæ Ecclesiæ concordis- simâ au- thoritate firmati: cui & ip- se sine du- bio cederet si iam illo tempore quæstionis huius ve- ritas eli-

quata & declarata per plenarium Concilium solidaretur. lib. 2. de bapt. c. 4.

qu'encore que S. Cyprien eust esté ouuertement d'vn auis contraire à celuy qui estoit receu dans l'Eglise, il ne doute pas que ce saint Martir n'eust cedé si elle auoit iugé de son tẽps. C'est qu'il croit si absolument necessaire de se soumettre à son iugement, qu'il ne luy entre pas dans l'esprit que iamais vn homme de bien puisse auoir vne autre pensée. Et certes le grand Cyprien à bien témoigné qu'elle estoit sa veneration pour l'Eglise lors qu'interrogé par vn de ses collegues sur les erreurs de Nouatian, il luy fait ceste belle réponse; *Pource qui regarde Nouatian, duquel vous desirez que ie vous écriue quelle heresie il à introduit, sçachez premierement, mon cher frere, que nous ne deuons pas mesme estre curieux de ce qu'il enseigne, puisqu'il n'enseigne pas dans l'Eglise. Quel qu'il soit il n'est pas Chrétien n'estant pas en l'Eglise de Iesus Christ.* Il tient la doctrine de l'Eglise si constante & si asseurée, qu'il ne veut pas mesme que l'on s'informe de ce que disent ceux qui s'en separent; bien loin de permettre qu'on les recoiue à iustifier ce qu'ils enseignent, il croit infailliblement qu'ils enseignent mal dez qu'ils n'enseignent pas dans l'Eglise. Ne falloit-il pas que ce saint martir fust persuadé aussi bien que S. Augustin, *que celuy qui est hors de l'Eglise ne voit ny n'entend, que celuy qui est*

Scias nos primũ nec curiosos esse debere quid ille doceat cũ foris doceat Quisquis ille est & qualiscũq; est, Christianus nõ est qui in Christi Ecclesiâ non est. Ep. ad Antōn.
Extrà illã qui est nec audit nec videt; intrà eã qui est nec surdus nec cæcus est. ps. 47.

qui est dans l'Eglise n'est ny sourd ny aueugle ; c'est à dire qu'on est asseuré de n'estre iamais aueuglé d'erreur ny iamais sourd à la verité tant qu'on suit les sentimens de l'Eglise : & comment cela est-il veritable si l'Eglise elle mesme *à erré souuent* ainsi que le Ministre l'enseigne ?

Mais auant que sortir de ceste matiere, écoutons vn reproche qu'il fait à l'Eglise sur le sujet de ceste authorité souueraine que nous donnons à ses iugemens. Il nous objecte que nous croions *qu'elle peut augmenter le Symbole, & établir de nouueaux articles de foy* ; d'où il tire ceste consequence, que *nostre Religion est vn accroissement de nouueauté, & qu'elle n'est pas encore acheuée*. Ceste calomnie est insupportable, & la simple proposition de nostre doctrine confondra la mauuaise foi du Ministre. Car il nous impose trop visiblement s'il oze dire que nous estimions que la foi de l'Eglise puisse estre nouuelle : vne des choses que nous tenons plus certaine, c'est que sa créance est inuariable. Quand donc elle publie vn nouueau Symbole, ou quand elle le propose plus ample, il est ridicule de luy objecter qu'elle veut établir vne foy nouuelle, puis qu'elle ne pretend autre chose que d'expliquer plus distinctement la foy ancienne. Nous ne sommes pas si perdus de

Pag. 400.

sens que de nous imaginer que l'Eglise fasse les veritez Catholiques; nous disons seulement qu'elle les declare. Car encore qu'elles soient tousiours en l'Eglise, elles n'y sont pas tousiours en mesme euidence. C'est pourquoy il arriue souuent qu'on erre innocemment en vn temps, & qu'apres la mesme erreur est tres criminelle; ce qui ne choquera pas ceux qui cōprendront, que cōme c'est vne infirmité excusable de faillir auant que les choses soient bien éclaircies, c'est vne pernicieuse opiniastreté de resister à la verité reconüe. On peut dire en ce sens que l'Eglise établit en quelques sortes des dogmes de foy, parceque les aiant bien pesez & apres les proposant aux fideles par l'authorité qui luy est donnée, il n'y à plus qu'vne extrême présomption qui oze préferer son sentiment propre à vne declaration autentique de toute l'Eglise; & delà vient que l'erreur est inexcusable. C'est pour cela que celle de S. Cyprien touchant le Baptesme des heretiques est tres iustement excusée, & celle des Donatistes sur le mesme point, tres legitimement condannée. Car comme remarque S. Augustin, ce bienheureux Martir à erré *auant que le consentement de toute l'Eglise* *eust confirmé ce qu'il falloit faire*; & d'ailleurs il nous à appris, que nous deuons supporter l'erreur

lib. 1. de bapt. Cont. donat. c. 18

dans les choses qui n'ont pas esté decidées par l'authorité de l'Eglise. Ainsi auant le Concile de Ierusalem plusieurs fideles auoient estimé que l'obseruation de la loy estoit necessaire; leur erreur estoit tolerable alors: mais leur temerité n'eust pas eu d'excuse s'ils auoient persisté dans leurs sentimens apres la decision des Apostres. Nous enseignons en ce mesme sens qu'il appartient à la sainte Eglise de declarer nettemét aux peuples quelles sont les verités Catholiques, & qu'apres sa declaration tous les doutes sont criminels. Est-ce vne mediocre infidelité d'inferer de ceste doctrine que *nostre Religion n'est pas acheuée*? où pourquoy le Ministre ne dit-il pas qu'elle ne l'estoit non plus du temps des Apostres, ny du temps de S. Cyprien? mais, c'est à luy que nous reprochons iustemét qu'il nous a representé vne Eglise dont la Religion n'est pas acheuée. L'Eglise à son auis n'est pas infaillible, elle à *mesme erré soüuent* si nous le croions. Si elle peut errer en sa foy, elle se peut aussi corriger; donc son Eglise peut chāger sa foy: & si celuy qui augmente sa religion confesse qu'elle n'est pas acheuée, à plus forte raison celuy qui la change. Ainsi l'heresie inconsiderée se trouue effectiuement conuaincuë du crime dont elle nous charge auec iniustice.

CHAP. dernier. Que le Miniſtre n'entend pas les Autheurs qu'il cite pour iuſtifier la neceſſité de la reformatiõ pretẽdüe.

LE Miniſtre taſche d'appuier la reformatiõ pretendüe ſur le témoignage des Catholiques; il rapporte pluſieurs paſſages qui parlent de la corruption de l'Egliſe afin de perſuader au peuple credule que l'Egliſe Catholique eſt bien éloignée d'auoir ceſte infaillibilité dont elle ſe vante, puiſque ſes propres Docteurs reconoiſſent qu'elle à beſoin d'eſtre reformée. Mais la ſeule lecture des Autheurs qu'il cite conuaincra les plus paſſionnez qu'il abuſe viſiblement de l'authorité que les ſiens luy donnent & de leur trop facile créance.

Conſiderons auant toutes choſes quel eſtoit le deſſein de reformation que nos Aduerſaires ſe ſont propoſé; qu'ils nous diſent s'ils vouloient reformer, ou la foy que l'on profeſſoit en l'Egliſe, ou l'ordre de la diſcipline Eccleſiaſtique. Pour la diſcipline Eccleſiaſtique nous accordons ſans difficulté qu'elle peut ſouuent eſtre reformée; ainſi ce n'eſt pas là qu'eſt la queſtion. Mais parce qu'il eſt clair que les Calvinistes ont pretendu reformer la foy, les Catholiques s'y ſont oppoſez ſoutenans qu'vne telle reformation eſt vn atantat manifeſte contre l'infaillibilité de l'Egliſe. D'où il s'enſuit que ſi le Miniſtre veut venir au point conteſté, il faut qu'il prouue la neceſſité de reformer la foy de l'Eglise; & s'il est plus clair que le iour que tous les Autheurs qu'il rapporte ne parlent que de la corruption de la discipline, il sera contreint d'auoüer qu'il s'écarte bien loin de la question & qu'il à tort de remplir son liure de tant d'allegations inutiles.

Ecoutons premierement S. Bernard qui est le plus ancien des Autheurs qu'il cite. *Il à*, dit-il, *presché hautement, qu'vne maladie lente & puante s'estoit repandüe par tout le corps de l'Eglise.* Considerons qu'elle est ceste maladie. Ce S. homme distingue en ce lieu quatre tentations de l'Eglise, la premiere comprend les persecutions; la seconde les heresies. *Les temps ou nous sommes*, dit-il, *sont libres de ces deux maux, mais ils sont entierement corrompus par l'affaire qui marche en tenebres.* Ces paroles font bien conoistre que par ceste affaire qui marche en tenebres il n'entend ny les persecutions, ny les heresies, puisqu'il les exclut en termes exprés. Il parle de la troisiéme tentation que l'Eglise soufre, non par la fureur des Payens, ny par la malice des Heretiques, mais par le desordre de ses enfans. Telle est ceste maladie generale, par laquelle ce saint Docteur nous exprime vne horrible deprauatiō dans les mœurs: de sorte qu'il n'y à riē de moins à propos au sujet de la question contestée en-

S. Bernard. Serm. 33. in cant.

Pax a paganis, pax ab hæreticis, sed non profectò à filijs. ibid.

tre nous & nos Aduersaires que ceste pleinte de S. Bernard. Que s'il dit *qu'il ne reste plus autre chose sinon que l'Antechrist paroisse*, c'est qu'à la troisiéme tentation qui est le desordre des mœurs, la quatriéme doit succeder qui sera le regne de l'Antechrist auquel nos pechez preparent la voye; & que les fideles seruiteurs de Dieu ont tousiours regardé comme proche d'eux, parce que le maistre n'aiant pas dit l'heure, ils taschét de se tenir tousiours prests à ceste grande persecution.

Ep. 124. & 125.

Pag. 142.

Le Ministre produit encore deux passages de S. Bernard, mais il en corrompt tout le sens auec vne extréme imprudence. *L'Eglise Romaine*, dit-il, *s'est quelque fois separée de ses Papes, & S. Bernard à bien ozé dire que de son temps la beste de l'Apocalypse auoit occupé le siege de Saint Pierre.* Grande hardiesse de S. Bernard! mais s'il parle d'vn Antipape qui auoit occupé le siege au preiudice d'vne election Canonique, & qui auoit chassé par force de Rome le Pape legitime Innocent II. si bien loin de dire dans ces Epistre que le Pape estoit la beste de l'Apocalypse cõme le Ministre veut qu'on l'entende, il dit que celuy qui ne se ioint pas au Pape Innocent est

Ep. 124.

à l'Antechrist ou l'Antechrist mesme, quelle est l'infidelité du Ministre qui abuse de ce passage contre les veritables Pontifes; & quelle estime pouuons nous faire de son Catechisme, apres vne tromperie si visible, qu'il ne faut que lire pour la conuaincre?

Mais ie m'étonne que les Ministres osent bien citer S. Bernard pour authoriser leur reformation, puis qu'il est clair que ce saint Docteur l'auroit infiniment detestée, luy qui prie si deuotement la tres sainte Vierge; qui honore auec tant de respect la primauté du souuerain Pontife; qui voiant que le diable taschoit d'introduire quelques articles de la reformation pretendüe en suscitant certains heretiques qui nioient qu'il fallust prier pour les morts & implorer le secours des Saints, rejette leur doctri- *lib. 2. de* ne comme pernicieuse; qui releue si fort l'état *cons. ad* Monastique, & duquel non seulement les écrits, *Eug.c.8.* mais encore la profession & la vie condanne la doctrine de nos Aduersaires.

Et certes il semble que le Catechiste ait fait vn choix particulier de ceux qui luy sont le plus opposez entre tous les Autheurs Ecclesiastiques, & nous lisons sa condannation presque dans tous les lieux qu'il allegue. *Gerson*, dit-il, *Serm. 66.* *introduit l'Eglise demandant au Pape la reformation, in cant.* *& qu'il rétablisse le Royaume d'Israël.* C'est au sermon de l'Ascension de nostre Seigneur que ce grand personnage parle de la sorte. Mais il nous explique luy mesme ce qu'il faut faire pour rétablir ce Roiaume. Il veut que l'on trauaille serieusement à reünir à l'Eglise Romaine les peuples qui s'en sont separez. *Pourquoy n'enuoiez vous pas aux Indiens*, dit-il, *ou la sincerité de la foy peut estre facilement corrompüe, puisqu'ils ne sont pas vnis à l'Eglise Romaine, de laquelle se doit tirer la certitude de la foy?* Combien estoit-il éloigné de croire qu'il fallust reformer la foy de l'Eglise dont il presche la pureté & la certitude? si donc il se pleint si souuent des déreiglemens de l'Eglise, s'il dit *qu'elle est brutale & charnelle*, que le Ministre ne pense pas qu'il pretende taxer sa doctrine. Il parle des abus & des simonies, des sales commerces dans les benefices, de l'atachement qu'auoient les plus grãds Prelats à leur authorité temporelle qui leur faisoit negliger le salut des ames, pour lesquelles Iesus-Christ a donné son Sang; il déplore la corruption de son siecle auec vn zele vraiment Chrétien, & reprend les mauuaises mœurs auec vne liberté toute Apostolique. Mais quand il s'agit de la foy, il tient bien vn autre langage. Il n'a que des paroles de veneration pour honorer l'authorité de l'Eglise. En son temps quelques heretiques auoient entrepris de la reformer

De conc. gen. Vn. obed.

former à la mode des Lutheriens & des Caluinistes, c'est à dire qu'ils vouloient corriger sa foy; c'est pourquoy le Ministre dit qu'ils ont *Pag. 58.* fait vne partie de la reformation. Gerson s'y oppose genereusement au Concile general de Constance. *Des doctrines pestilentes,* dit-il, *se sont éleuées* Serm. corã Conc. Constant. *dans plusieurs Prouinces illustres; on a tasché de les exterminer par diuers moyens, en Angleterre, en Ecosse, à Prague, & en France.* Ceux qui sont tant soit peu versez dans l'histoire sçauent bien qu'il vouloit parler des sectateurs de Viclef Anglois, & des Bohemiens disciples de Hus qui en effet furent condamnez à Constance; *Il faut,* dit le Ibid. docte Gerson, *que la lumiere de ce saint Concile qui iamais ne peut estre obscurcie donne vn prompt remede à ces maux;* & apres auoir exhorté les Peres à vser de l'authorité Ecclesiastique dans la censure de ces heresies; *elle est telle,* dit ce grand hôme, *qu'aucun ne la pourra mépriser qui voudra estre estre estimé fidele.* Quelle personne de sens rassis pourra iamais se persuader qu'vn Docteur si soumis & si Catholique appuie la reformation pretenduë dont il deteste si fort les commancemens?

Le Ministre cite en son Catechisme vn autre Pierre D'ailly. celebre Docteur de Paris qui à esté maistre de Gerson; c'est Pierre Cardinal de Cambray qui *Pag. 55.*

Ee

preschant deuant le Concile de Constance dit que la bienheureuse Hildegarde Prophetesse des Allemans appelle le temps qui à commancé en l'an 1100. de nostre Seigneur vn temps infame ou la doctrine des Apostres & ceste ardente iustice que Dieu auoit établie dans les personnes spirituelles s'estoit ralentie, & qu'en suite toutes les institutions Ecclesiastiques estoient allées en decadence : Apres quoy ce grand Cardinal aiant representé les desordres qui estoient en l'Eglise, conclut qu'elle à besoin d'estre reformée dans la foy & dans les mœurs. Ce sont les paroles de Pierre D'ailly lesquelles semblent en apparence fauoriser les sentimens de nos Aduersaires, mais qui les condanneront en effet quand nous en aurons expliqué le sens.

Conc. 1. de S. Ludou.

Et premierement il est remarquable que ce Cardinal parloit en vn temps ou l'Eglise Catholique estoit déchirée par le schisme le plus horrible qui peutestre ait iamais troublé son repos. Il y auoit prés de quarente ans qu'elle ne cognoissoit presque plus quel estoit le legitime Pontife par lequel elle deuoit estre gouuernée ; trois personnes auoient occupé ceste place & toutes les Prouinces Catholiques s'estoient partagées. C'est pourquoi le Cardinal de Cambrai apres auoir dit que l'Eglise à besoin d'estre reformée ainsi qu'il à esté rapporté, adjouste aussi tost apres ces paroles, *mais maintenant les membres de l'Eglise estans separez de leur chef, & n'y ayant point d'œconome & de directeur Apostolique, il n'y à pas lieu d'esperer que ceste reformation se puisse bien faire.* Il est plus clair que le iour qu'il entend le Pape par ce chef, par ce directeur & cét œconome sans lequel il n'esperoit pas de reformation : ce qui fait conoistre que ce Docteur demandoit la reformation de l'Eglise par vn esprit directement opposé aux reformateurs de ces derniers siecles. Car Luther écriuant à Melancton dit que *la bonne doctrine ne peut subsister tant que l'authorité du Pape sera conseruée*; & au contraire ce Cardinal croit qu'on ne peut remettre la foy ny la discipline Ecclesiastique en son premier lustre, iusqu'à ce qu'on ait établi vn Pape comme chef & comme directeur de l'Eglise ; cepandant la reformation pretendüe oze bien se seruir de son nom & se defendre par son témoignage.

Sleid. lib. 7.

 Mais comprenons ce qu'il vouloit dire quand il à presché à Constance qu'il falloit reformer l'Eglise en la foy. Nous pouuons considerer la foy en deux sens. Quelques vns professent la foy veritable qui n'ont pas vne foy feruente. On peut donc regarder la foy dans sa verité, ou dans sa ferueur. Encore que la verité de la foy se trouue tousiours dans ce que l'Eglise Catholique enseigne, neantmoins il est asseuré que la ferueur de la foy peut se diminuer tellement par la licence des mauuaises mœurs, & par le déreiglement de la discipline, qu'il semble quelque fois qu'elle soit éteinte. C'est ce que déplore nostre Cardinal au sermon cité dans le Catechisme. *La ferueur de la foy*, dit-il, *& la force de l'esperance, & l'ardeur de la charité est presque entierement éuanoüie dans les Ministres Ecclesiastiques.* Il ne dit pas que leur foy soit fausse, mais il se pleint qu'elle est languissante: Il veut qu'on reforme la foy de l'Eglise dans son zele & dans sa ferueur; mais ce n'est pas son intention de nier la verité de ses dogmes. Certes quand ie m'arresterois à ceste réponse, elle suffiroit pour rendre inutile tout le raisonnement du Ministre; mais ie ne croiray pas auoir assez fait iusqu'à ce qu'ayant penetré plus profondément le sens des parolles de Pierre D'ailly par les circonstances du temps & du lieu, ie fasse voir à nostre Aduersaire que sa condannation y est prononcée, afin que tout le monde conoisse auec quelle negligence il cite les Autheurs Ecclesiastiques.

Posons pour principe premierement que du

temps de Pierre D'ailly & du Concile general de Constance les erreurs de Viclef & de Hus commançoient à se répandre en l'Eglise, & que ce fust vne des raisons pour lesquelles le Concile fust assemblé; Secondement que condanner ces deux heresiarques, c'est anathematiser Luther & Caluin qui ont renouuellé toutes leurs erreurs. Ces choses estans supposées obseruons que le Concile de Constance vse de la mesme façon de parler que le Cardinal de Cambray, & ordonne dez la session 3. que *le Concile ne pourra estre dissous iusqu'à ce que l'Eglise soit reformée en la foy & aux mœurs.* Il importe de bien conoistre quel estoit le sens du Concile, parce qu'il ne faut nullement douter que le Cardinal Pierre D'ailly qui estoit vn des plus illustres de ses Prelats, & qui fut choisi comme nous verrons pour estre l'interprete de ses sentimens, n'ait parlé dans le mesme esprit. Le Ministre qui ne s'arreste qu'aux mots iugeroit d'abord que le Concile de Constance voulant reformer l'Eglise en la foy, declaroit par ces paroles que la foy de l'Eglise estoit corrompüe; mais il n'est rien plus éloigné de son intention. Car en la session 8. les Peres de ce Concile & Pierre D'ailly auec eux disent que *la sainte Eglise Catholique éclairée en la verité de la foy par les* rayons de la lumiere Celeste, est tousiours demeurée sans tache. Par consequent il est plus clair que le iour qu'ils n'estimoient pas qu'il falluft corriger la foy qui estoit receuë en l'Eglise; voions donc qu'elle estoit leur pensée.

La suite de leurs decrets nous en instruira pleinement. Car le Ministre ne niera pas que ceste resolution qu'on prist au Concile de reformer l'Eglise en la foy ne doiue estre necessairement rapportée aux decisions de foy que nous y trouuons. Or il n'y a que trois sessions ou les matieres de la foy soient traitées; la 8. ou les erreurs de Viclef furent censurées, la 15. ou l'on condanna celles de Iean Hus, la 13. ou l'on fit le reglement sur la communion des Laïques. Donc l'intention de ces Peres quand ils parlent de reformer l'Eglise en la foy n'estoit pas de changer la créance qui estoit receuë puisqu'il n'en paroist rien dans leurs decrets; mais de rejetter la doctrine des predecesseurs de nos Aduersaires que le diable vouloit introduire. C'est là sans doute ce que le Concile appelloit reformer l'Eglise en la foy, parceque la foy Catholique semble receuoir vn nouuel éclat par la condannation des erreurs, & que c'est vne espece de reformation de retrancher les membres pourris qui se reuoltent contre l'Eglise, puisqu'elle demeure plus pure apres qu'elle les a separez. Telle est l'intention du Concile.

Venons maintenant à Pierre D'ailly, & demandons à nostre Aduersaire ce qu'il peut atandre d'vn homme qui à prononcé sa condannation dans vn Concile si celebre, ou sa doctrine luy auoit acquis tant d'authorité, que nous pouuons dire non seulement qu'il en à suiui les decrets, mais encore qu'il à esté vn des Prelats qui à autant contribué à les faire ? En effet ne voyons nous pas qu'il est nommé par tout le Concile pour instruire les Commissaires qui Sess. 6. deuoient examiner la doctrine de Iean Viclef & de Iean Hus ; & qu'il est luy mesme commis Sess. 19. pour enseigner à Hierosme de Prague disciple de Hus les veritables sentimens de l'Eglise & du S. Concile, comme celuy qui en estoit le mieux informé ? Ainsi le sermon cité dans le Catechisme ayant esté presché à Constance, en presence du Concile mesme, par vn homme qui en estoit vn des chefs, qui peut douter qu'il ne parle conformément au style de ceste assemblée ou il tenoit vn rang si considerable? De sorte que ceste reformation en la foy que le Ministre tire inconsiderément à son auantage, enferme effectiuement sa condannation auec celle de Viclef & de Hus. Estce pas vne marque visible d'vne lecture excessiuement precipitée, & d'vn dessein premedité d'ébloüir les simples par de vaines apparences?

Pag. 56.

Deuit. S. Francis. lib. 1.

C'est encore dans le mesme dessein qu'ils s'éfforce de prouuer la necessité de la reformation prétendüe par S. Bonauenture *qui recite*, dit-il, *que I. C. appella S. François d'Assise par la bouche d'vn Crucifix pour redresser son Eglise qui estoit comme il voyoit toute détruite.* Mais premierement il rapporte mal ceste histoire. Car le Crucifix ne commande pas à S. François qu'il redresse l'Eglise qui est toute détruite, mais qu'il repare l'Eglise qui se détruit toute. Or il y à grande difference de releuer vne maison toute ruinée, & de la soustenir quand elle est panchante. Ainsi le Ministre corrompt les paroles de S. Bonauenture. Apres, il n'ozeroit dire luy mesme que l'Eglise fust toute détruite des le temps du grand S. François, puis qu'il auoüe qu'en l'an 1543. on se pouuoit sauuer en sa communion. Enfin il ne sçauroit monstrer que ny S. François ny aucun de ses Disciples ayent iamais eu la moindre pensée de corriger la foy de l'Eglise. Quand donc ils se sont proposé le glorieux dessein de reparer l'Eglise qui se détruisoit, c'est qu'ils vouloient trauailler de toutes leurs forces à rallumer la charité refroidie, &

à faire

à faire reuiure en l'Eglise l'esprit de mortification & de penitence que l'amour du monde auoit presque éteint. Ie ne comprends pas ce que le Ministre peut conclure de là contre nous, & ie m'étonne qu'vn homme de lettres s'arreste à des reflexions si peu serieuses.

Mais il croit auoir appuié fortement sa cause par le long recit qu'il nous fait de ce qui se passa à Ausbourg en l'an 1548. *ou en fin*, dit-il, *Pag. 58. la reformation fust reconüe necessaire par l'Empereur Charles V. & par les estats de l'Empire ; en fust composé vn formulaire par des Theologiens choisis de l'vne & de l'autre Religion, & plusieurs articles y furent accordez selon le sentiment des reformez, le Pape mesme ny resistant pas.* Toutes ces choses semblent fauorables à la reformation pretendüe, mais la verité de l'histoire nous fera conoistre que le Ministre dit en ce lieu presque autant de faussetez que de mots, & ie veux le conuaincre par Sleidan mesme dont la foy ne luy peut estre suspecte puisque c'est vn Historien protestant.

Premierement le Catechiste se trompe en ce qu'il confond le formulaire de reformation *Pag. 58.* que l'Empereur donna aux Euesques qui ne contenoit que des reglemens sur le sujet de la discipline Ecclesiastique, auecque la declaration qu'il fit publier sur les points de la Reli-

Ff

gion, & que l'on appelloit *l'interim*, comme nous verrons tout à l'heure. Toutefois il est *lib.20.hist.* certain que Sleidan distingue nettement ces deux choses, & nous ne voyons point dans l'histoire que le liure de *l'interim* ait porté le titre de reformation. Si donc le Ministre ne le distingue pas d'auec le formulaire de reformation, c'est vne marque tres euidente qu'il ne se donne pas le loisir de digerer serieusement ce qu'il dit, & qu'il precipite son iugement sans beaucoup de reflexion. Mais voyons les autres faussetés qu'il presche si affirmatiuement à son peuple. *On iugea*, dit-il, *la reformation necessaire*: ie demande quelle sorte de reformation; ce n'est pas vne reformation dans la foy comme le Ministre voudroit faire croire. Car *Sleid. lib.* s'il auoit bien lû dans Sleidan les chefs de ce *20.* formulaire de reformation il auroit vû qu'ils ne regardent que la discipline: & le mesme Sleidan remarque qu'il y estoit expressément ordonné d'interroger ceux qui se presentent aux ordres, *s'ils ne croyent pas tout ce que croit la sainte Eglise Romaine, Catholique & Apostolique*. Donc ce formulaire n'estoit pas dressé pour corriger la foy de l'Eglise Romaine, mais plutost pour la confirmer. Ou est la sincerité du Ministre qui tire ceste piece à son auantage?

est il donc absolument resolu de n'en produire aucune qui ne le condanne?

Il n'a pas esté plus fidele dans les reflexions qu'il a faites sur le liure de *l'interim*, & nous le conoistrons sans difficulté par la verité de l'histoire qu'il nous à étrangement déguisée. L'Empereur voulant appaiser les mouuemens de l'Alemagne sur le sujet de la Religion, fit publier à la diete d'Ausbourg de l'an 1548. vne declaration solennelle sur ce qu'il vouloit estre obserué iusqu'à la definition du Concile general, & c'est ce que l'on nomma *l'interim*. La doctrine des protestans y estoit condannée; seulement on leur accorda que ceux qui auoient pratiqué la communion sous les deux especes pourroient retenir cét vsage iusqu'à la determination du Concile, à condition qu'ils ne blasmeroient pas les autres qui se contentoient d'vne seule espece: & parce que plusieurs Prestres s'estoient mariez, & que leurs mariages ne pouuoient estre rompus sans beaucoup de troubles, on resolut qu'il falloit atandre ce que le Concile en ordonneroit. Quoy que le Pape ne voulust pas approuuer ce liure, dans lequel la foy Catholique n'estoit pas expliquée assez nettement, toutefois il ne resista pas au dessein qu'auoit Charles V. de le faire receuoir

Faussetez visibles preschées par le Ministre sur le sujet de l'interim de l'Empereur Charles V.

Voyez Sleidan liure 20. & l'interī entierement rapporté dãs les Opuscules de Caluin imprimés à Geneue en l'an 1566.

dans l'Empire, parce qu'il remettoit tout au Concile, & qu'il condannoit les Lutheriens. Aussi les Protestans s'opposerent ils à ceste declaration de l'Empereur, & ceux de Magdebourg dirent hautement *qu'elle restablissoit tout le Papisme*; & encore qu'il n'y eust rien dans la doctrine qu'elle proposoit qui ne pust receuoir aisément vne interpretation Catholique, les fideles furent offensez de quelques façons de parler douteuses qui flatoient les Lutheriens: tellement que plusieurs Catholiques donnerêt vn mauuais sens à ce liure, qui enfin fut rejetté par les deux partis. C'est ce que tous ceux qui sçauront lire, verront si nettement dans l'histoire qu'il est impossible de le nier. A quoy pense donc le Ministre d'entretenir son peuple de si vains discours? Quel fondement peut il faire sur vne chose vniuersellement improuuée? D'ailleurs quand ie luy aurois accordé, ce qui neantmoins n'est pas veritable, que ce liure de l'interim combat la créance des Catholiques, ie demâde quel droit auoit l'Empereur de prononcer sur des points de foy de son authorité particuliere? Mais enfin que resulte t'il de ce liure sinon la condannation du Ministre? Il veut faire croire que le dessein de Charles V. estoit de reformer la foy de l'Eglise. Il se trom-

Hist. del. Côc. Trid. lib. 3. Sleid lib. 20. & 21.

pe ou il veut tromper. Car au contraire l'Empereur parlant aux Etats, & leur proposant l'interim, dit que *pourueu qu'on l'entende bien il n'a* [Sleid. ibid.] *rien de contraire à la Religion Catholique*; *il coniure ceux qui ont retenu les loix & les coustumes de l'Eglise Catholique de demeurer fermes en ceste pensée*; & *ceux qui ont introduit des nouueautés en la religion, de reprendre celle que le reste de l'Empire professe*; c'est à dire la Catholique. Donc il ne la iuge pas corrompuë, puisqu'il exhorte d'y retourner. Mais écoutons parler le Ministre, & nous verrons bien d'autres faussetés. *On accorda,* dit-il, *ces articles selon les sentimens des reformez, touchant la conuoitise és regenerez*; il n'y a rien sur ce point dans l'interim qui ne puisse auoir vn sens Catholique: *la iustification par les merites de I. C. seul*, il a tort de rapporter cét article comme vn dogme particulier de la reformation pretenduë; nous croyons de tout nostre cœur ceste verité: *La iustification obtenüe par la foy sans aucun doute & auec toute certitude de confiance*; l'in- [Pag. 59.] terim dit expressément que *nous sommes iustifiez entant que la charité se ioint à la foy & à l'esperance.* Pour ce qui regarde ceste certitude *sans aucũ doute*, le liure de l'Empereur enseigne le contraire; *l'homme*, dit-il, *ne peut croire que ses pechez luy soiết remis sans quelque doute de sa propre infirmité & in-*

disposition. Faut il ainsi abuser le monde par des faussetés si visibles? Mais passons aux autres articles. La recompense des bonnes œuures y est, dit le Ministre, enseignée, *sans opinion de merite*; que signifient donc ces paroles qui sont écrites dans *l'interim* au Chapitre de la memoire & inuocation des Saints; *Les Saints ont puisé leurs merites par lesquels eux mesmes ont esté sauuez & parlent pour nous, de ceste mesme source de tout salut & de tout merite à sçauoir la Passion de I. C.* Est il rien de plus formel ny de plus precis? *la nature de la vraye Eglise, inuisible;* ces paroles, ny ce sens ne se trouuent pas dans le liure de l'Empereur: *les deux marques d'icelle, à sçauoir la saine doctrine, & le droit vsage des Sacremens;* Il est vray que ces deux marques y sont rapportées pour distinguer l'Eglise Chrétienne d'auec les societés infideles; mais l'vnité, l'vniuersalité, la succession y sont adjoustées pour la discerner des troupeaux heretiques & schismatiques: *sans aucune sujettion au Pape que pour l'ordre & pour euiter les schismes;* mais cela bien entendu comprend tout, & l'interim attribüe au Pape *le droit de gouuerner l'Eglise vniuerselle par la mesme puissance que S. Pierre à receüe de I. C. La communion,* dit-il, *de la coupe est octroyée à tous;* mais on y met la condition de ne blasmer point ceux qui communient d'vne autre maniere, *parceque le Corps & le Sang* Sleid. lib. *de I. C. est contenu sous chacune des deux especes*; 20. Ainsi la foy de l'Eglise demeure entiere : *le mariage est accordé aux gens d'Eglise* ; il est faux qu'on l'accorde à tous indifferemment, mais on tolere iusques au Concile dans le Ministere Ecclesiastique les Prestres qui s'estoient mariés, ce qui ne touche point la doctrine. Ie me lasse de rapporter tant de faussetés du Ministre ; & toutefois la charité Chrétienne m'oblige à luy donner encore vn aduis sur le sacrifice de nos Autels. Il estoit, dit-il, proposé dans le liure de l'Empereur *sans aucune propitiation*. Il est vray qu'il n'vse pas de ce mot, mais puisqu'il ne dit rien de contraire, le Ministre à t'il droit de dire que *cét article y ait esté accordé selon* Pag. 58. *la pensée des reformez*? D'ailleurs nous lisons en ce liure que I. C. à offert deux sacrifices, l'vn en la Croix & l'autre en la Cene, & que le dernier est institué pour honorer la memoire du sacrifice sanglant de la Croix, & pour nous en appliquer le fruit. C'est en substance ce que nous croyons du sacrifice de l'Eucharistie, & c'est pour cela seulement que nous l'appellons propitiatoire, parceque nous l'offrons à Dieu pour la remission des pechez ; non afin qu'elle nous y soit meritée, car nous sçauons bien que c'est à la Croix que le Sang de noſtre Seigneur I. C. nous à merité ceſte grace, mais afin qu'elle nous y ſoit appliquée comme vn des fruits de ſa paſſion. Au reſte il n'eſt pas nouueau dans l'Egliſe de dire que le ſacrifice de l'Euchariſtie, ſoit vne propitiation meſme pour les morts : S. Auguſtin l'enſeigne en termes formels ; *lors dit-il, que l'on offre pour les fideles Treſpaſſez les ſacrifices de l'Autel ou celuy des aumoſnes ; pour ceux qui ſont tres bons, ce ſont des actions de graces ; pour ceux qui ne ſont pas extrémement mauuais, ce ſont des propitiations ; & à l'égard de ceux qui ſont tres mauuais, quoy qu'ils ne ſeruent de rien aux morts, ce ſont des conſolations des viuans.* Il eſt à noter que S. Auguſtin nomme les aumoſnes des ſacrifices, mais afin que nous entendions qu'il y à vn ſacrifice ſpecial en l'Egliſe à qui ce nom conuient proprement, il l'appelle ſingulierement *ſacrifice de l'Autel*, & il reconoiſt qu'il eſt propitiatoire. Que répondra icy le Miniſtre, puis qu'il dit que la Religion de S. Auguſtin n'eſt pas oppoſée à la ſienne? Mais ce n'eſt pas mon intentió d'entrer maintenant en ceſte matiere, qui meriteroit vn diſcours plus ample, & qui ne conuiendroit pas à ce lieu.

Cum ergo ſacrificia ſiue Altaris ſiue quarūcūq; eleemoſynarum pro baptizatis defunctis omnibus offeruntur, pro valde bonis gratiarum actiones ſūt, pro non valde malis, propitiationes ſunt; pro valde malis, & ſi nulla ſunt adiumenta mortuorū aliqua tamen viuorum conſolationes ſunt. Aug. Enchi. ad Laurent. c. 110.

Si ie me ſuis arreſté ſi long-temps ſur *l'interim de l'Empereur Charles V.* ce n'eſt pas que l'authorité

thorité de ce liure me paroisse fort considerable, ny que i'approuue ses façons de parler obscures, qui enseignent tellement la bonne doctrine, qu'elles ne laissent pas de flatter l'erreur. Mais ie m'étonne que le Ministre ait pris tant de soin de tirer ce liure à son auantage ; & il faut bien croire que l'heresie se plaist fort aux déguisements, puisqu'elle se donne la peine de les employer, dans des choses qui luy seroient inutiles, quand on luy auroit accordé qu'elles se sont passées comme elle recite.

Ie puis dire encore le mesme des articles qui auoient esté accordez au colloque de Ratisbone en l'an 1541. Car outre qu'il n'est pas iuste que trois deputez nommez par l'Empereur reiglent des difficultez de ceste importance, Sleidan que le Catechiste rapporte en la marge, nous assûre que l'ordre des Princes & particulierement les Euesques empeschoient qu'on ne les reçeut, disant qu'on y auoit mis plusieurs choses qui deuoient estre adoucies & corrigées, & que les sentimens des deputez Catholiques meritoient quelque censure. Eckius l'vn des deputez pour la conference, declara aux Estats qu'il n'approuuoit point ce qui auoit esté arresté; Le Legat du Pape écriuit qu'il n'y pouuoit pas consentir; l'Empereur luy mesme ne re-

Sleidan lib. 14.

solut rien & remit le tout au Concile : quelle force peut auoir ceste conference ? Cependant le Ministre s'y appuie beaucoup ; & quoy qu'il soit tres indubitable qu'Eckius ne dôna pas son consentement, il dit que l'article de la iustification *passa sans debat entre les députez de l'vne & de l'autre religion.* C'est ainsi qu'il lit les Autheurs, c'est ainsi qu'il Catechise son peuple, voila les merueilleux témoignages par lesquels ils prouue la necessité de la reformation pretendüe. Et comme si ceste cause se deuoit iuger par l'authorité des Puissances, il joint à l'Empereur Charles V. la Reyne Catherine de Medicis, & quelques articles de reformation proposez au Pape de la part de quelques vns de nos Roys. Mais ne sçait on pas que tous ces conseils venoient de l'esprit d'vne Reyne qui selon sa politique ordinaire taschoit de contenter tous les deux partis pour maintenir son authorité ? Et certes ceux qui l'auoient instruite luy auoient donné d'excellents memoires & bien conformes à l'esprit de l'Eglise, puisque le second point de reformation, estoit d'abolir & les exorcismes & toutes les ceremonies du Baptesme ; dont la pluspart sont si anciennes, que Caluin mesme confesse qu'elles auoient esté receües presque dans les commancemens de

Pag. 95.

Pag. 134. & 135.

Voyez S. Augustin à la fin de l'Ep. 105.

l'Euangile. *Ie n'ignore pas*, dit-il, *combien ces cho-* lib. 4. cap.
ses sont anciennes; & vn peu apres, *ces impostures* 15.
*de Sathan furent receües sans peine presque dez les
commancemens de l'Euangile par la sotte credulité du
monde.* Ie n'ay point de paroles assez energiques
pour exprimer l'impudence de cét heresiarque,
& neantmoins la Reyne surprise vouloit que
l'on suiuist ses maximes plustost que celles de
l'antiquité ; quel étrange moyen de reformation ?

CONCLVSION.

APres vous auoir proposé ces choses en Exhortatoute sinceritè & candeur; ie vous laisse tion à nos
maintenant iuger, nos chers freres, ce que vous Aduersaideuez croire de vostre Ministre, qui non seule- res de rement vous entretient de si vains discours, mais tourner à
ce qui est encore plus insupportable, qui vous l'vnité de
debite tát de faussetez sous le titre de Catechis- l'Eglise.
me. Rappellez en vostre memoire que l'ordre
de son discours exigeant de luy qu'il taschast
de mettre quelque difference entre nos Ancestres & nous, il à entrepris de prouuer que nous
ruinions le fondement du salut : & nous auons
fait voir sans difficulté, que la verité luy manquant, il à eu recours à la calomnie. Si telle est
la sainteté de nostre doctrine, qu'il faille la déguiser necessairement quand on veut la rendre

Gg ij

odieufe, auoüez que les reproches de voftre Miniftre font la iuftification de noftre innocence. Ie ne vous apporteray point en ce lieu des témoignages qui vous foient fufpects; vous pouuez aprendre dans fon Catechifme que c'eft la haine & la paffion qui produit les inuectiues fanglantes par lefquelles vos Predicants tafchent de décrier noftre foy. Ne nous diton pas tous les iours que nos Peres ont quitté l'Eglife Romaine comme la Babylone maudite dont il eft parlé dans l'Apocalypfe? & cependant voftre Catechifte qui nous fait le mefme reproche, confeffe qu'elle engendroit les enfans de Dieu; & par confequent il ne peut nier qu'elle ne fuft vne vraie Eglife. Quel aueuglement ou quelle fureur de detefter comme Babylone, la mere & la nourriffe des enfans de Dieu? Combien de fois vous à t'on prefché que c'eft vne idolatrie de prier les Saints? Certes fi c'eft vne idolatrie, c'eft le plus dannable de tous les crimes; Toutefois le Miniftre auoüe, & il vous enfeigne dans vn Catechifme, que cefte priere n'empefche pas le falut, & n'en détruit pas les fondements. Donc c'eft vne horrible infidelité de la qualifier vne idolatrie, & d'accufer les Chrétiens innocens d'vn crime fi noir & fi execrable. Ne deuez vous pas craindre iuftement

Voyez fus feconde verité. Chapit. 1.

Voyez 1. verité fec. 1. Chap. 5.

que les autres points de noſtre créance ne vous ſoient propoſez dans la meſme aigreur; & eſtes vous ſi peu ſoigneux de voſtre ſalut que vous ne vouliez pas donner quelque temps à vous faire éclaircir de la verité? Souuenez vous par quelles iniures, & par combien de titres infames on déchire parmy vous l'Egliſe Romaine. Neantmoins ſi vous raiſonnez ſelon les principes de voſtre Miniſtre, vous trouuerez qu'elle à retenu tous les fondemens de la foy, & ainſi que ſelon vos propres maximes, elle merite le titre d'Egliſe. Car vous l'accordez par acte public à la ſecte Lutherienne quoy que vous la croyez infectée d'erreur, parceque vous iugez qu'elle à conſerué les principes eſſentiels du Chriſtianiſme. Si donc ils ſont entiers en l'Egliſe Romaine, ſi en ſuite elle eſt vne vraie Egliſe, comment pouuez vous ſoutenir les iniures dont vous la chargez; & d'ailleurs ſi les Catholiques poſſedent l'Egliſe, puis qu'il ſeroit ridicule de s'imaginer que vous faſſiez vn meſme corps auec nous, ne paroiſt il pas clairement que n'eſtans pas en noſtre vnité vous ne pouuez pas eſtre en l'Egliſe; & que voſtre perte eſt indubitable? Que reſte-t'il donc, nos chers freres, ſinon que vous retourniez à l'Egliſe en laquelle on vous à preſché que nos Anceſtres faiſoient

Voyez la ſeconde verité Chap. 4.

Sus 1. ve- leur salut iusques au milieu du siecle passé, &
rité sect. 1. à laquelle on ne peut monstrer qu'elle ait depuis ce temps-là changé sa doctrine? De sorte que si vous estiez en son vnité, quoy que l'on obiectast contre vostre foy, vous auriez la consolation, de voir que vos Aduersaires ne pouroient nier, que plusieurs des enfans de Dieu ne soient morts en ceste créance, & que I. C. n'ait reçeu en son Paradis des Chrétiens qui le seruoient comme nous. Vous auriez la consolation d'estre en la societé d'vne Eglise, à laquelle on ne peut reprocher qu'elle soit nouuellement établie, à laquelle, quoy qu'on puisse dire, du moins n'ozeroit on dénier que depuis le temps des Apostres iusques à nos iours, elle n'ait confessé sans interruption, & la Trinité adorable, & le nom de nostre Seignr I. C. & la redemption par son Sang, & les misteres de son Euangile, & les fondemens du Christianisme. Vostre nouueauté s'égalera t'elle à ceste antiquité venerable, à ceste constance de tant de siecles, & à ceste majesté de l'Eglise? qui estes vous, & d'ou venez vous? à qui auez vous succedé; & ou estoit l'Eglise de Dieu lors que vous estes tout d'vn coup parus dans le monde? Et ne recourez plus desormais à ce vain azile d'Eglise inuisible refuté par vostre Mini-

ſtre; mais recherchez les antiquitez Chrétien-nes, liſez les Hiſtoriens & les Saints Docteurs; monſtrez nous que depuis l'origine du Chriſtianiſme, aucune Egliſe vraiment Chrétienne ſe ſoit établie en ſe ſeparant de toutes les autres. Si iamais les Orthodoxes ne l'ont pratiqué, ſi tous les heretiques l'ont fait, ſi vous eſtes venus par la meſme voye, regardez à qui vous eſtes ſemblables, & craignez la peine de ceux dont vous imitez les mauuais exemples. Vous vous pleignez de nos abus & de nos deſordres; eſtes vous ſi étrangement aueuglez, que vous croyez qu'il n'y en ait point parmy vous ? Toutefois ie ne m'arreſte point à vous les décrire; car ceſte diſpute ſeroit inutile, & ie tranche en vn mot la difficulté: s'il y à des abus en l'Egliſe, ſcachez que nous les déplorons tous les iours; mais nous deteſtons les mauuais deſſeins de ceux qui les ont voulu reformer par le ſacrilege du ſchiſme. C'eſt là le Triomphe de la charité, d'aimer l'vnité Catholique, malgré les troubles, malgré les ſcandales, malgré les déreiglemens de la diſcipline qui paroiſſent quelquefois dans l'Egliſe, & celuy là entend veritablement ce que c'eſt que la fraternité Chrétienne, qui croit qu'il n'y à aucune raiſon pour laquelle elle puiſſe eſtre violée. Dieu ſçaura bien quand il luy plaira

Voyez ſus ſection 2, Chap. 2.

susciter des Pasteurs fideles qui reformeront les mœurs du troupeau; qui rétabliront l'Eglise en son ancien lustre, qui ne sortiront pas dehors pour la détruire comme ont fait vos predecesseurs, mais qui agiront au dedans pour l'édifier. C'est pourquoy nous vous coniurons que vous fassiez enfin penitence de ceste pernicieuse entreprise de nous reformer en nous diuisant; & d'auoir adjousté le mal'heur du schisme à tous les autres maux de l'Eglise. *Et ne vous* *persuadez pas*, ce sont les paroles de S. Cyprien, *que vous defendiez l'Euangile de* Iesvs-Christ, *lors que vous vous separez de son troupeau, & de sa paix & de sa concorde, estant plus conuenable à de bons soldats de demeurer dans le camp de leur Capitaine, & là de pouruoir d'vn commun auis aux choses qui seront necessaires: Car puisque l'vnité Chrétienne ne doit pas estre déchirée, & que d'ailleurs il n'est pas possible que nous quittions l'Eglise pour aller à vous, nous vous prions de tout nostre cœur que vous reueniez à l'Eglise qui est vostre Mere & à nostre fraternité*, afin que les nations infideles que nos diuisions ont scandalisées, soient edifiées par nostre concorde.

Cyp. Epi. 29. edit. Morel.

FIN.

Extrait du Catechisme. page 104.

Apres auoir representé dans les pages precedentes la maniere en laquelle l'Eglise Catholique exhortoit les mourans en l'an 1543. il conclut ainsi. Nous ne faisons point de doute que ceux qui mouroient en ceste foy & confiance és seuls merites de Iesus-Christ, laquelle on exigeoit d'eux, & de laquelle on leur faisoit faire confession, n'ayent pû estre sauuez, puis qu'ils embrassoient le vray & vnique moyen de salut proposé en l'Euangile, qui auoit esté appellé par les Conferans de la part de l'Eglise Romaine au Colloque de Ratisbonne, *Le plus grand article de tous, & le sommaire de la doctrine Chrétienne, & ce qui fait veritablement le Chrestien.* Ce que les Curez y adjoustoient de l'inuocation à autre qu'à Dieu, n'estant pas, ainsi que i'ay dit, requis comme chose necessaire, & pouuant estre interpreté en vn sens tolerable, & deuant en tout cas estre pris pour le foin, dont parle l'Apostre qu'ils edifioient, ou qu'ils entassoient sur le fondement qui est Iesus-Christ, & qui bien qu'il ne leur seruist de rien & qu'ils en fissent perte, ne les empeschoit pas d'estre sauuez.

Page 114. Tant s'en faut qu'en ne croyant pas qu'on se puisse sauuer en la foy de l'Eglise Romaine d'aujourd'huy nous soyons obligez de douter de ce que sont denenus nos Peres, ny d'estre en peine de leur salut, c'est au contraire le moyen de nous en mieux assûrer, puis qu'ils sont morts tout autrement, qu'on n'est aujourd'huy obligé d'y mourir.

VEu la Requeste presentée par Iean Antoine Imprimeur du Roy, de Monseigneur l'Euesque de Metz & du Bailliage, à ce qu'il luy fust permis d'Imprimer vn liure intitulé Refutation du Catechisme du Sr. Paul Ferry Ministre de la Religion pretendüe reformée. &c. Et les conclusions du Procureur du Roy. NOVS auons permis audit Suppliant d'imprimer vendre & débiter ledit Liure, auec deffence à tous autres de l'imprimer vendre & débiter sans son consentement, à peine de confiscation des exemplaires, cent liures d'amande & de tous despens dommages & interest. A Metz le 16. Auril 1655.

Signé, ESTIENNE.

TABLE DES CHAPITRES

Entrée au discours & proposition du sujet. page 1.

PREMIERE VERITE'.
Que l'on se peut sauuer en la communion de l'Eglise Romaine.

SECTION PREMIERE.
Ou ceste verité est prouuée par les principes du Ministre.

CHAPITRE. I. Que selon le sentiment du Ministre on pouuoit se sauuer en la communion & en la créance de l'Eglise Romaine iusqu'à l'an 1543. page 16.

CHAPITRE II. Qu'il n'y a aucune difficulté que nous ne soyons dans le mesme estat que nos Peres en ce qui regarde la religion. page 23.

CHAPITRE III. Que ceste conformité de créance prouue clairement que nous pouuons nous sauuer en l'Eglise Romaine auec la mesme facilité que nos Ancestres, & que le Ministre qui nous condamne ne s'accorde pas auec luy mesme. page 31.

CHAPITRE IV. Que le Ministre voulant mettre quelque difference entre nos Ancestres & nous establit encore plus solidement la sureté de nostre salut dans l'Eglise Romaine. Preuue de ceste verité par trois propositions. Que les erreurs qui ne renuersent pas les fondemens essentiels de la foy n'empeschent pas le salut selon les maximes du Ministre & de ses Confreres. pag. 35.

CHAPITRE V. Que le Ministre en consequence de ce principe declare que l'inuocation des Saints n'est pas vn obstacle à nostre salut. page 41.

CHAPITRE VI. Que selon les principes du Ministre le fondement essentiel de la foy lequel estant posé les erreurs suradjoustées ne nous dannent pas, c'est la confiance en I. C. seul, & que c'est s'aueugler volontairement de nier que nous ayons ceste confiance. Calomnie du Ministre qui nie que nous mourions en la mesme foy que nos Peres. Maniere de consoler les mourans dans le Diocese de Metz. page 47.

CHAPITRE VII. Conclusion de la premiere section, exhortation sincere à nos Aduersaires pour les rappeller à l'Eglise ou nos Peres ont fait leur salut. page 57.

TABLE DES CHAPITRES.
SECTION SECONDE.

Ou il est prouué contre les suppositions du Ministre que la foy du Concile de Trente touchant la iustification & le merite des bonnes œuures nous à esté enseignée par l'ancienne Eglise, & qu'elle etablit tres solidement la confiance du fidele en Iesus-Christ seul.   page 67.

CHAPITRE I. Que l'Eglise Catholique enseigne tres purement le mystere de la Redemption du genre humain.   page 68.

CHAPITRE II. La doctrine de la iustification diuisée en trois points, qui comprennent son commancement, son progrés, son couronnement. Que la iustification est gratuite selon le Concile de Trente.   page 72.

CHAPITRE III. Ce que c'est que la iustification selon les principes des Aduersaires, les fondemens ruineux de leur doctrine.   page 75.

CHAPITRE IV. Ce que c'est que la iustification du pecheur selon la doctrine de l'Eglise qui est éclaircie par la sainte Ecriture ; que la grace iustifiante ne couure pas seulement les pechez, mais qu'elle les oste. Sentiment de saint Augustin.   page 81.

CHAPITRE V. Que les pechez sont détruits dans les iustes bien qu'il n'y ait aucuns iustes qui ne soient pecheurs. Doctrine de S. Augustin touchant les pechez veniels. page 87.

CHAPITRE VI. Que nous sommes iustifiez par l'infusion du don de iustice qui nous regenere en nostre Seigneur. Excellente doctrine de l'Apostre tres bien entendüe par S. Augustin.   page 93.

CHAPITRE VII. Reflexion sur la doctrine des chapitres precedens ; qu'elle releue la gloire de Iesus-Christ & que nos Aduersaires la diminuent.   page 98.

CHAPITRE VIII. De la iustification par la foy, explication de l'Apostre par luy mesme & par S. Augustin.   page 100.

CHAPITRE IX. Second point, de la doctrine de la iustification qui regarde le progrés de l'homme iustifié dans la vie nouuelle de la iustification par les œuures, que nos Aduersaires ne la nient pas dans le sens que nous l'enseignons. page 114.

CHAPITRE X. De l'accomplissement de la Loy & de la verité de nostre iustice, à cause du regne de la charité.   page 120.

CHAPITRE XI. De l'imperfection de nostre iustice à cause du

TABLE DES CHAPITRES.

combat de la conuoitise. page 125.

CHAPITRE XII. Troisiéme point de la doctrine de la iustification qui regarde son couronnement dans la vie future, ou il est traité du merite des bonnes œuures. Sentiment de l'antiquité par S. Augustin. page 130.

CHAPITRE XIII. Que la doctrine du Concile de Trente touchant le merite des bonnes œuures honore la grace de I. C. & nous apprend à nous confier en luy seul. Que selon la sainte Ecriture Dieu rend la vie eternelle par vne action de iustice, qu'elle est ceste iustice, & qu'elle n'empesche pas que les élûs ne doiuent tout leur salut à la misericorde Diuine. page 138.

CHAPITRE XIV. & dernier. Iniustice du Ministre qui nie que nous ayons nostre confiance en Iesus-Christ seul, & en suite que nous puissions nous sauuer. page 155.

SECONDE VERITE.

Qu'il est impossible de se sauuer en la reformation pretendüe.

CHAPITRE I. Que selon les principes du Ministre les premiers Autheurs de la reformation pretendüe sont des Schismatiques ; qu'il se contredit luy mesme quand il enseigne que du temps de ses Peres l'Eglise Romaine estoit la Babylone de l'Apocalypse. page 167.

CHAPITRE II. De la durée perpetuelle de l'Eglise visible, que le Ministre la recognoist, & que l'Eglise pretendüe reformée confesse sa nouueauté & prononce sa condamnation. page 175.

CHAPITRE III. Que selon les principes du Ministre, nos Aduersaires ne peuuent apporter aucun sujet de separation. Témoignages illustres de l'antiquité pour l'inuocation des Saints, la priere pour les morts & la dignité du Siege de S. Pierre. page 183.

CHAPITRE IV. Que la reformation pretendüe est vne rebellion contre la vraie Eglise : de l'infaillibilité de l'Eglise ; qu'il faut chercher la verité dans l'vnité ; Sentimens des Anciens sur l'authorité de l'Eglise. page 198.

CHAPITRE dernier. Que le Ministre corrompt manifestement le sens des Autheurs qu'il allegue pour iustifier la necessité de la reformation pretendüe. page 212.

Conclusion de tout l'ouurage. page 235.

FIN.

www.ingramcontent.com/pod-product-compliance
Lightning Source LLC
Chambersburg PA
CBHW070646170426
43200CB00010B/2143